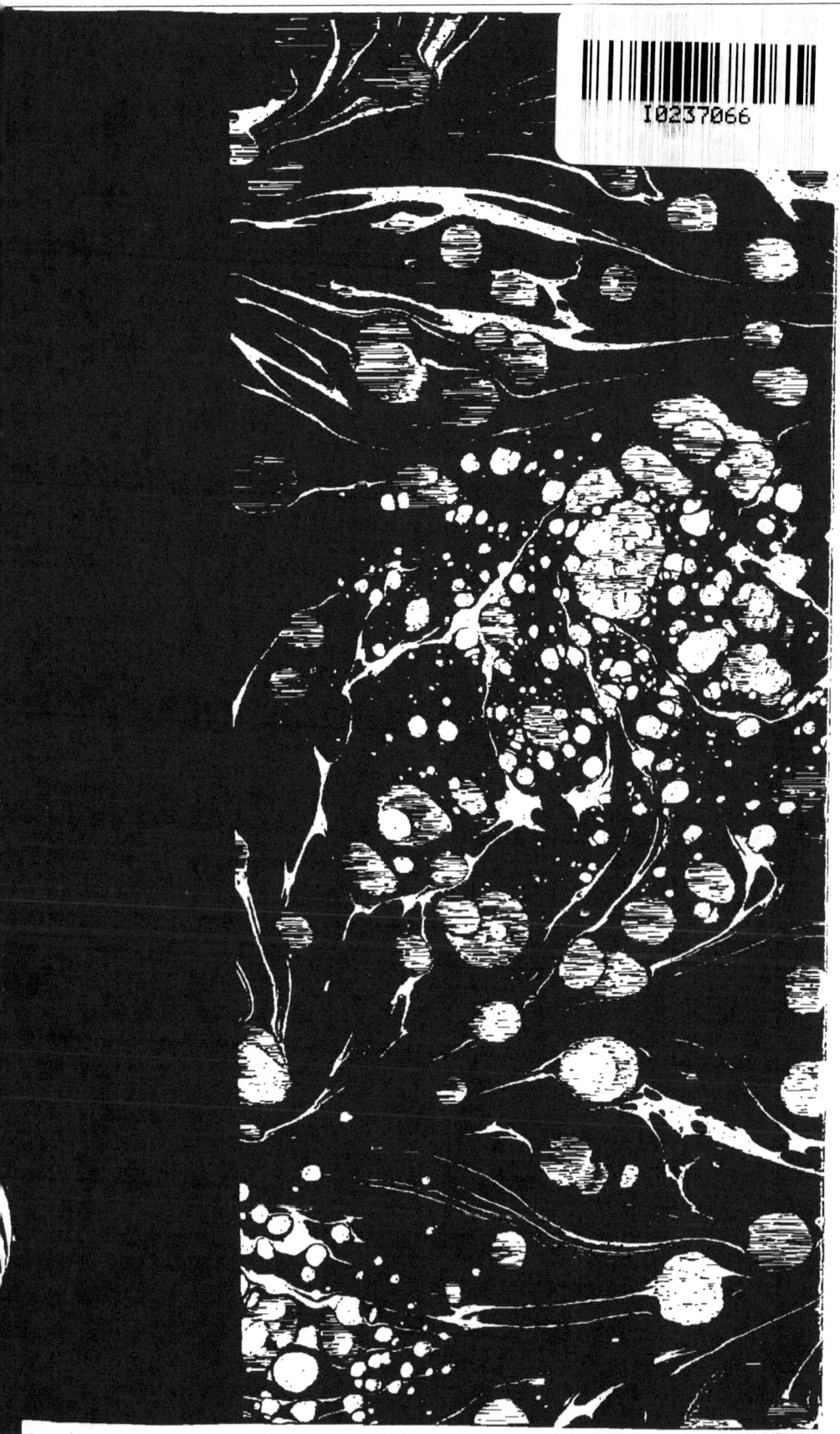

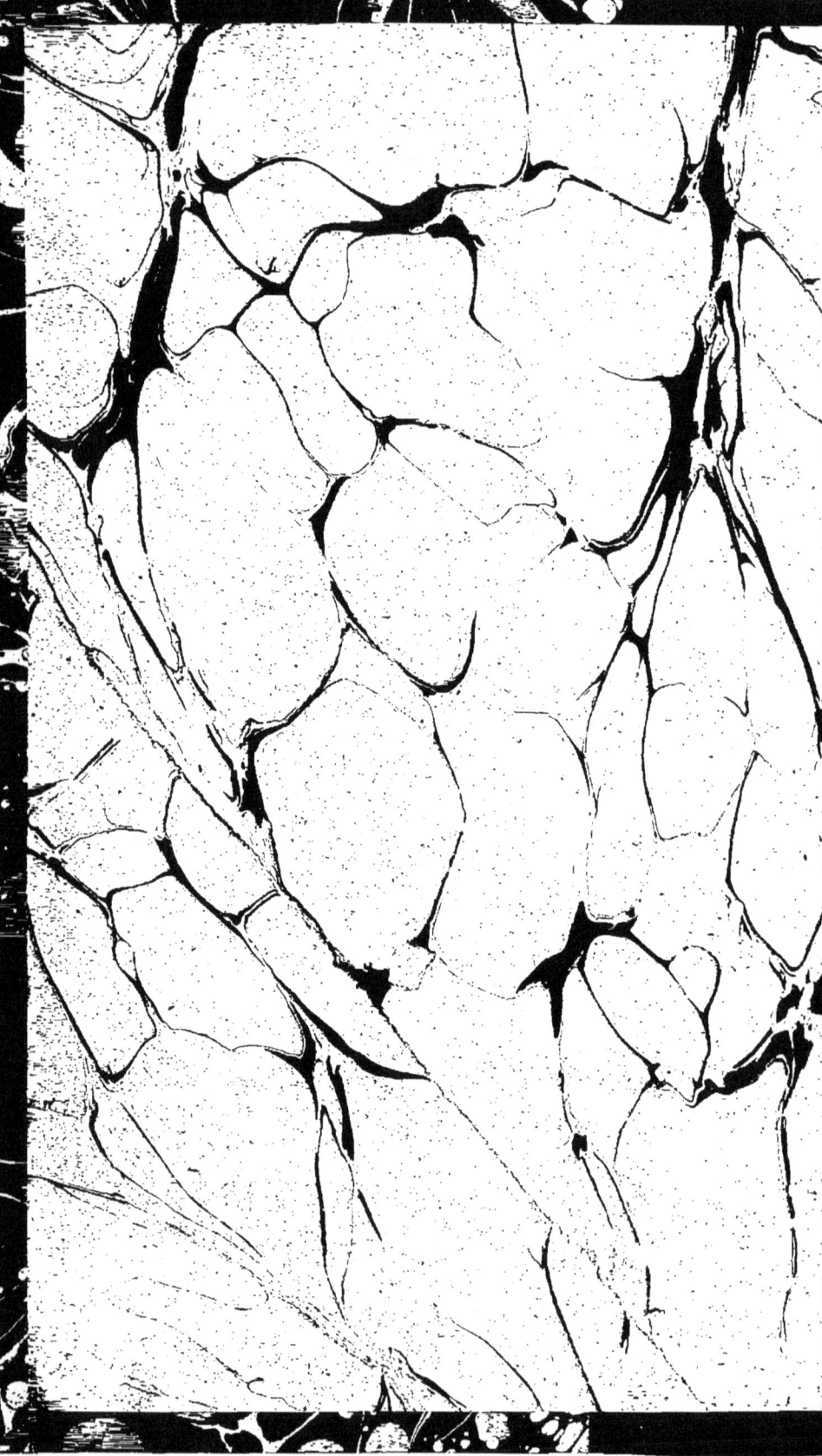

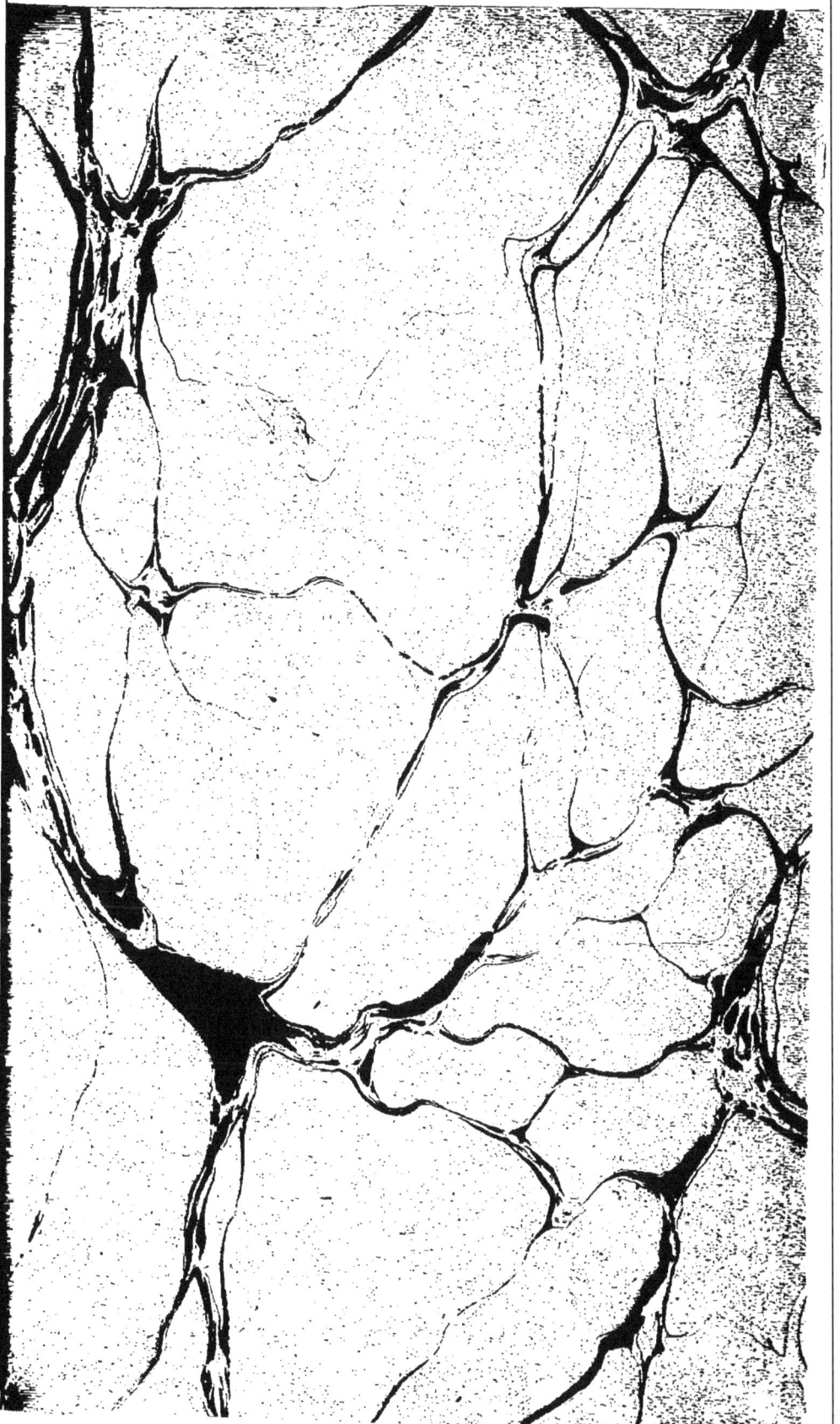

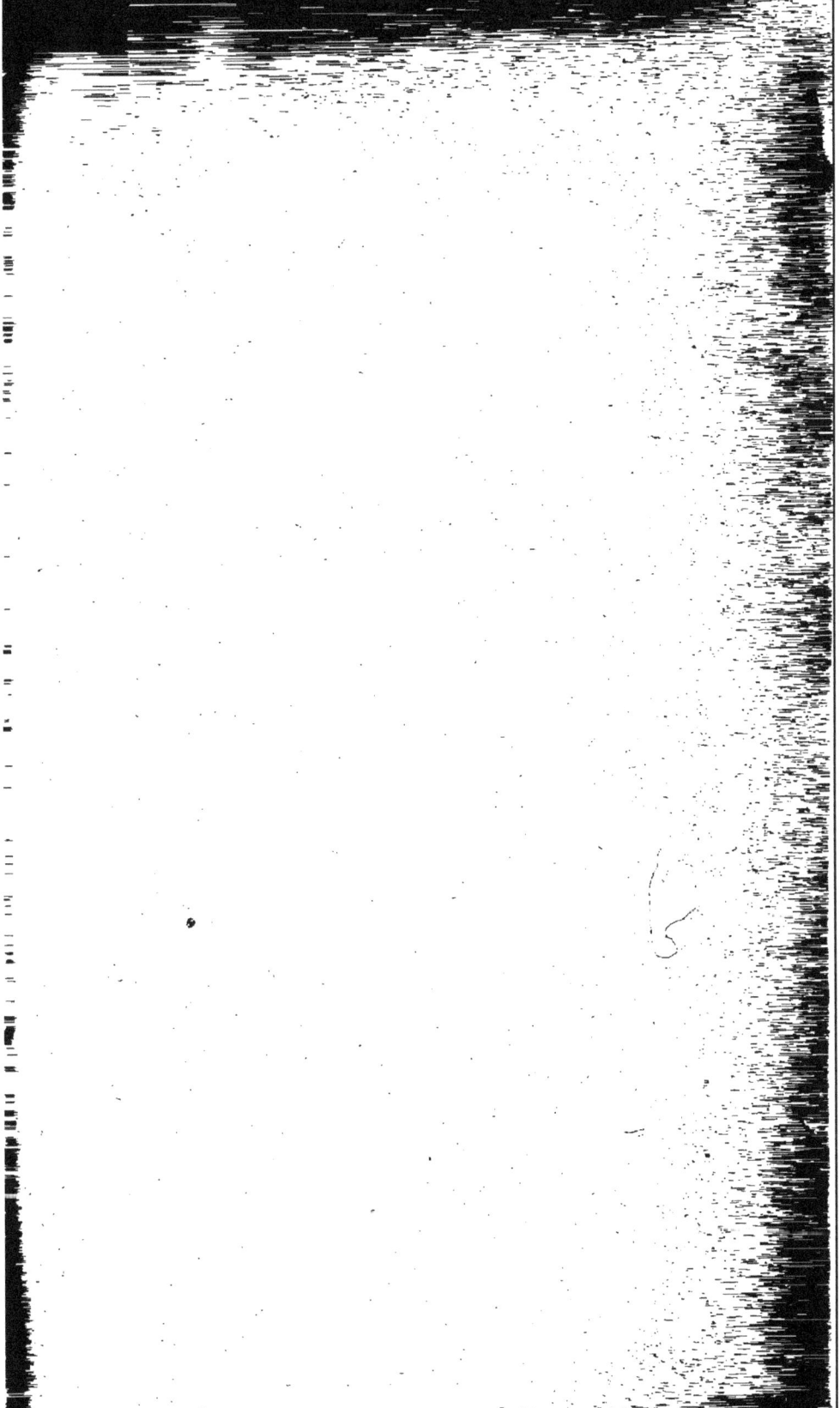

À Monsieur de Saisy
Hommage de l'auteur
Édouard Cavaillon

LE
CIRQUE FERNANDO

PAR

GLADIATEUR II

PARIS
IMPRIMERIE PAUL LIBÉRAL ET C°
20, rue Saint-Joseph, 20

1875
Tous droits réservés.

A EDGAR RODRIGUE

MON CAMARADE ET MON AMI

C'est vous qui m'avez donné la pensée d'entrer dans la carrière du journalisme et de la littérature. Vous y avez guidé mes premiers pas. Permettez-moi de vous dédier mon premier livre.

Je ne sais où cet hommage de reconnaissance ira vous trouver, puisqu'un mal, nécessitant votre séjour dans les climats plus doux, vous retient loin de cette terre de France que vous aimez tant. Puisse-t-il vous prouver que vous êtes toujours présent au cœur de ceux qui vous connaissent et qui ont pu vous apprécier.

J'ai cru vous faire plaisir en signant ce petit travail du pseudonyme de GLADIATEUR II. C'est rappeler un peu le nom que vous avez illustré au journal *l'*Evénement, *en inaugurant les chroniques du sport quotidien..*

Je n'espère pas vous égaler dans cette carrière, mon cher maître, je serai trop heureux si je puis vous y suivre de loin.

Votre camarade d'escadron **FRANCHETTI.**

GLADIATEUR II.

HARDIESSE ET RÉUSSITE

I

C'était une entreprise pleine de hardiesse que de venir s'établir en plein Paris, sous une tente de voyage, avec un personnel campant plutôt qu'il n'habitait. Elle ne pouvait être abordée que par un homme habitué à tous les dangers et à toutes les audaces, comme M. Fernando. Il a réussi et tout le monde applaudit à son succès. S'il avait échoué, les sarcasmes ne lui auraient pas manqué.

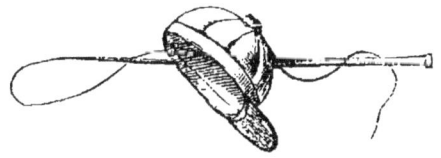

Naguère on disait : C'est un saltimbanque ! c'est-à-dire, un de ces déshérités du monde qui sont exposés à n'avoir ni berceau, ni toit, ni cercueil.

Aujourd'hui l'on dit : C'est un grand artiste !

On l'aurait volontiers appelé vagabond il y a quelques jours; maintenant, c'est un homme établi, c'est un bourgeois ayant pignon sur rue, et devant lui tous les fournisseurs s'inclinent chapeau bas.

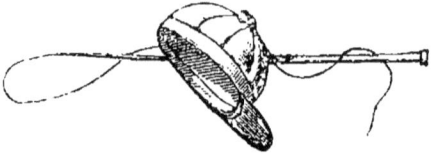

Ainsi va le monde, et c'est ainsi qu'il ira toujours parce qu'on a beau vouloir changer les institutions, l'homme reste toujours le même, implacable à ceux qui ne réussissent pas, flatteur jusqu'à la servilité pour ceux auxquels la fortune a souri.

UTILITÉ & IMPORTANCE

DES

CIRQUES

II

Le goût des exercices du corps a fait grandes toutes les nations qui les ont honorés.

Le gymnase chez les Grecs avait une grande importance. C'était un de leurs principaux édifices publics. Il n'était pas consacré seulement aux exercices corporels, tels que la lutte, le pugilat, le combat du ceste, les courses à pied, les courses de chevaux et les courses de char, le tir de l'arc et le lancement du javelot, le jeu de la paume, etc. On avait établi à côté et sur le même plan une école de philosophie et de belles-lettres.

Il fallait pour être un homme complet posséder en même temps, la vigueur du corps et celle de l'esprit, pouvoir répondre à un adversaire, aussi bien par des arguments physiques et matériels, moins réfutables que les autres et portant mieux, que par les preuves intellectuelles et les fleurs de rhétorique.

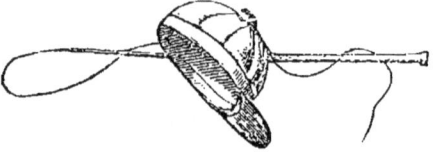

Il n'y avait pas une bourgade, pas un village qui n'eût son gymnase. Les guerriers étaient ainsi tous formés et pouvaient entrer en campagne au premier signal. On était sûr que les fatigues de la guerre ne les décimeraient pas.

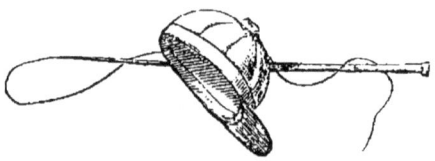

Et ces jeux du corps entraient en première ligne aussi bien dans la cité athénienne, pleine de jeunes gens efféminés et de courtisanes lascives, que chez cette nation spartiate, aux mœurs sévères, presque rugueuses.

A Sparte l'on forçait les esclaves à s'enivrer, pour ôter aux hommes libres le goût de la débauche. On défendait à ces mêmes esclaves l'entrée des gymnases, parce qu'on ne les jugeait pas dignes de ces luttes du corps.

C'est ainsi que les réglements des Jockey-Club anglais et français, ferment les courses à tous les chevaux qui n'ont pas leurs titres de noblesse inscrits au livre d'or du Stud-boock.

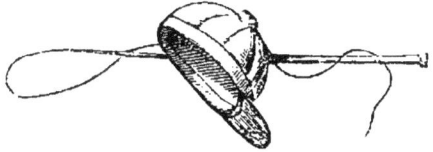

La nation grecque a dû à ces luttes gymniques, un des traits les plus saillants de son caractère national. Si elle a réussi plusieurs fois à repousser les invasions d'ennemis dix fois plus nombreux qu'elle, c'est grâce à l'habitude constante du danger qu'avaient ses enfants et à l'amour de la lutte qu'elle savait leur inspirer dès leur adolescence.

DÉGÉNÉRESCENCE

DE LA

RACE HUMAINE

III

La supériorité des artistes grecs dans les arts plastiques, n'est due qu'à ces beaux modèles qu'on trouvait aisément et sans avoir besoin de choisir dans les académies. Grâce aux exercices bienfaisants auxquels ils se livraient chaque jour, on pouvait prendre presqu'au hasard.

De nos jours pour trouver quelques modèles bien faits et dignes d'être représentés, il faut chercher avec grand soin. Les formes s'étiolent et les types de la belle race humaine sont presque perdus.

Il faut peindre ou sculpter les bras de l'un, le torse d'un autre, le modelé des jambes d'un troisième, etc., etc.

Une seule femme a paru depuis trente ans à l'école des Beaux-Arts qui ait pu servir de modèle complet et poser pour ce qu'on appelle l'ensemble. Et cette femme s'était livrée dès son enfance à tous les exercices développant les muscles et les belles formes.

Ecuyère hardie, gymnaste intrépide, l'été quand elle se rendait au Bain des Fleurs, toutes les baigneuses faisaient cercle pour la voir nager. Son buste sortait à moitié de l'eau; elle semblait une naïade antique.

La tête était aussi belle que le corps, et, qualité bien rare, elle joignait à cette splendide beauté un charmant esprit d'à-propos et de répliques mordantes.

C'était la blonde J... A... Son pays natal était le Grand-Montrouge.

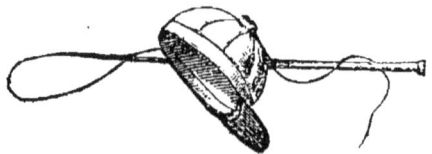

Comme Mimi Pinson, cette reine blonde était sage. Elle se sentait trop belle et avait trop conscience de sa valeur pour se donner vulgairement comme le font beaucoup de modèles, dont la vertu s'égrène en cascatelles multipliées.

Il a fallu pour la séduire les trésors d'un bijoutier qui l'a emportée au fond d'un charmant désert de province, comme la plus précieuse de ses perles fines.

Et encore cet enlèvement a été précédé d'un long stage.

La belle tenait à ce que son bijoutier fît pour elle un sonnet.

Les jolies femmes ont des caprices ; c'est leur droit.

Le malheureux bijoutier était fort en peine. Il avisa un de ses apprentis qui avait la passion de rimailler. Mais le sonnet ne venait pas.

J... A... ne voulait pas démordre de sa prétention. Elle le renvoyait sans cesse en lui disant :

Je ne veux pas de vous, tant que vous viendrez *sans sonnet*.

C'était dur.

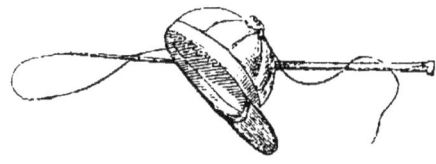

Enfin on arriva à composition et l'on convint qu'une pièce de vers quelconque serait acceptée.

A ce jeu-là, l'apprenti devint follement épris du même bijou que son maître.

Il sut dire son amour dans les strophes suivantes.

La rime n'est pas toujours irréprochable, mais on y sent comme un souffle de passion vraie :

Oui, j'ai senti mes sens à sa grâce de femme
Frémir tout enivrés et mon cœur soupirer;
Elle est belle, elle est jeune et son regard enflamme,
  Comment lui résister ?

Tu me demanderas, ma douce enchanteresse,
Pourquoi j'osai t'aimer si vite éperdûment,
Pourquoi j'osai bercer une aussi folle ivresse
  Dans mon cœur trop ardent ?

Le cœur raisonne-t-il alors qu'il s'abandonne
A ses illusions, à ses rêves dorés ?
Pardonne à mon amour, je t'ai vue et suis homme
  Dis, n'est-ce pas assez ?

Car tu fus enfantée un jour par un sourire,
Par un rayon d'amour du Dieu qui nous fit tous !
Dieu, ce chef-d'œuvre seul mérite qu'on t'admire
  Qu'on te prie à genoux !

Sans doute tu voulus dans ta bonté profonde,
En la créant si belle et si digne de toi,
Nous faire pressentir l'amour d'un autre monde
  Et nous donner la foi !

Mais, sur terre, à ce front il manque une couronne.
Elle semble ici-bas végéter sans amour !
Ah ! d'un suprême éclat que cet astre rayonne
  Sur notre humain séjour !

Pour tant d'amour et de bijoux on ne pouvait trop longtemps être ingrate. Cette couronne d'or fut acceptée.

Quelques temps plus tard, le jeune apprenti bijoutier et poète voulut se présenter comme amant à la jeune épousée, en réclamant la paternité de son œuvre.

Elle l'éconduisit en ces termes :

J'ai entendu parler des droits du seigneur, mais je suis trop Parisienne et faubourienne pour ne pas savoir qu'ils sont abolis. Quant aux droits du poëte, je ne les reconnais que si l'on me plaît.

Mes informations s'arrêtent là et je n'ai pas pu savoir si le troubadour moderne était arrivé à plaire.

Le père Richard, ce remarquable modèle d'anatomie, que tous les élèves de l'école des Beaux-Arts ont connu, et qu'ils aimaient tous, avait une vraie passion pour la gymnastique et les exercices de force.

Il était heureux lorsqu'on interrompait une de ses séances pour lui faire lever des poids, des chaises, etc. Les rapins flattaient sa manie et s'en amusaient.

Pauvre père Richard, il est aujourd'hui à la Nouvelle-Calédonie. La Commune en a fait une de ses victimes.

L'on connaît le goût frénétique du grand chanteur D... pour tous les exercices de force, ce qui ne l'empêche pas de détailler toutes les nuances sentimentales d'une romance, de façon à arracher des larmes aux âmes les plus dures.

D... est plus fier de sa force physique que de son talent incomparable.

* * *

Si l'on a vu sept mille habits noirs au premier bal du nouvel Opéra et si cette fête a tourné au funèbre, c'est que la plupart des hommes de nos jours n'osent pas montrer leur formes.

Le grand nombre a raison de ne pas endosser des costumes collants ; l'aspect serait triste.

Allez aux bains froids, au bain Deligny comme au bain Henri IV, comme aux bains d'ouvriers, sur mille baigneurs que vous voudrez remarquer, vous ne rencontrerez pas dix hommes bien faits.

A l'un il manque le corps et la chair nécessaire; l'autre est trop gras et n'a qu'un ventre monstrueux et gênant. Le plus grand nombre manque de force et de vitalité.

L'abandon des exercices du corps en est la seule cause.

Voilà d'une façon palpable, les résultats désastreux de la mollesse dans laquelle on vit.

LES CIRQUES A ROME

IV

Les Romains habitués aux émotions d'une guerre incessante, voulaient des plaisirs plus cruels.

Il ne leur suffisait pas de voir un écuyer ou un athlète triompher par son sang-froid, sa force ou son adresse; ils aimaient à voir couler le sang. Il leur fallait les combats des gladiateurs contre les bêtes fauves qu'on leur amenait des divers pays conquis.

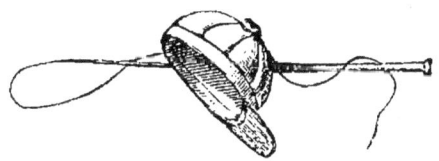

De toutes les régions soumises à leurs armes, on leur jetait en triomphe des lions, des tigres, des éléphants, etc..., et des esclaves! Ils trouvaient plaisant de faire battre les uns contre les autres.

N'étaient-ils pas le peuple souverain? N'avaient-ils pas le droit d'user et d'abuser.

Les patients tombaient avec grâce.

A leur entrée dans l'arène, ils avaient une formule de salut qui était comme une note de défi et de vengeance suprême contre leurs bourreaux. Ils s'écriaient le sourire aux lèvres :

Ave, Cesar, morituri te salutant.

César, ceux qui marchent à la mort te saluent.

LES TOURNOIS AU MOYEN-AGE

V

Le moyen âge et la féodalité vinrent avec leur tournois et leurs passes d'armes, qui n'étaient autre chose qu'une sorte de piste d'entraînement pour la guerre incessante de ces temps si troublés; terrible époque, où le fils combattait souvent contre le père, et si mouvementée qu'il lui fût donné de voir en même temps le dévouement sublime de Jeanne-d'Arc et les crimes monstrueux de Gilles de Retz, dont la légende populaire a fait Barbe-Bleue.

La force physique, l'adresse et la belle prestance étaient alors en honneur. Pas un troubadour ne se fut cru digne de sa dame, s'il n'avait su manier la lance et l'épée aussi bien que la plume d'amour.

Les rois eux-mêmes venaient prendre part à ces fêtes quelquefois sanglantes, et s'exposaient toujours aux passes les plus périlleuses.

COMPARAISON

DES

ÉTABLISSEMENTS DE GYMNASE

A L'ÉTRANGER ET EN FRANCE

V

De nos jours toutes les idées sont tournées vers la politique, et les ouvriers, qui le soir ou les jours de fête s'adonnaient entre eux à des exercices de force, ont abandonné ces traditions pour aller au café transformé en club, se griser de vin frelaté et de promesses mensongères.

On réclame l'instruction gratuite et obligatoire. Au nom de la santé publique, je réclame le gymnase gratuit et obligatoire.

En Allemagne, les exercices corporels sont fort en honneur. Plus d'un docteur en philosophie ne dédaigne pas d'exécuter les temps du trapèze.

On sait quelle part la gymnastique et l'équitation ont dans l'éducation anglaise. On n'est un parfait gentleman qu'à la condition d'être rompu à ces deux genres de sport. Aussi, combien les gentlemen anglais sont plus robustes que nous !

En Suisse, les instituteurs vont être tenus de pouvoir donner des leçons de gymnastique.

On estime actuellement en France à 3,000 le nombre des gymnases, tandis que la Belgique, avec ses 5 millions d'habitants, compte 5,000 gymnases, la Suisse un nombre égal avec une population moitié moins grande, et l'Allemagne 15,000 sociétés gymnastiques, que fréquentent 150,000 jeunes gens.

Les départements qui ont souffert de l'invasion pendant la dernière guerre sont les seuls qui s'occupent de former des Sociétés de gymnastique : C'est là le fruit bienfaisant d'une triste expérience.

Il est pénible de voir toute la région du Midi, à l'exception de la ville de Bordeaux, toute celle du Centre et de l'Ouest, rester dans une coupable atonie, tandis que les populations du Nord et de l'Est leur tracent un exemple salutaire.

Le *Bulletin de la Réunion des Officiers*, s'est occupé de cette question, et comme il est rédigé avec soin et par des hommes très-compétents en pareille matière, je veux lui laisser la parole :

« Depuis 1871, quelques municipalités ont établi des gymnases, mis à la disposition (le soir) des Sociétés. Ces salles ne coûtent pas cher et elles peuvent servir dans la journée aux élèves des écoles, garçons ou filles. Le professeur peut donner des leçons particulières, et il faut une bien faible cotisation de tous, élèves ou sociétaires, pour lui faire ses appointements. Dans certaines localités, les moniteurs de Sociétés donnent le dimanche des leçons gratuites aux ouvriers.

« La ville a donc un grand avantage et peu de dépenses à faire.

» On devrait à Paris, où les locations sont si élevées de prix, pouvoir disposer de gymnases municipaux ; alors la cotisation serait légère et les jeunes gens ne manqueraient pas. A ces sommes, il faudrait ajouter celles que les écoles privées, non munies de gymnase et ayant souvent des locaux insuffisants, percevraient en faisant fréquenter ces salles par leurs élèves, ce qu'elles ne peuvent faire dans les gymnases particuliers, qui demandent 5, 10 ou 15 francs par mois et par élève pour une ou deux leçons par semaine, et qui ne peuvent faire autrement, à cause des charges énormes qu'ils ont. Des Sociétés établies dans ces salles trouveraient parmi elles des jeunes gens de bonne volonté pour diriger des cours populaires gratuits, ce que l'on réclame depuis longtemps.

« La Ville ou l'Etat pourrait aussi avoir enfin une école normale de gymnastique pour former des professeurs et enseigner aux instituteurs. A cela, on pourrait ajouter l'hydrothérapie, etc.

« Pour revenir à la province, parmi les Sociétés désignées, il en est qui ont obtenu des fusils pour l'instruction militaire; il serait à désirer que cette mesure fut largement appliquée. Une société, la Société de gymnastique de Bordeaux, a obtenu du ministre l'autorisation de se procurer près de la garnison des chassepôts pour une école de tir, et, une fois par mois, les sociétaires vont à la cible.

« Afin de centraliser les efforts, on a essayé de donner un commencement d'application, en France, à une association entre les Sociétés de gymnastique. Le but de cette union est de s'occuper en commun des mesures à prendre pour favoriser le développement de la gymnastique et d'en poursuivre l'exécution; une caisse centrale essayera de prendre assez de force pour pouvoir subvenir aux premiers frais d'établissement des Sociétés nouvelles; pour le moment, elle se contente de venir en aide à celles des Sociétés déjà formées qui ont besoin de quelques fonds. Les noms qui, sur la liste, sont marqués d'un astérique, sont ceux qui font partie de l'*Union des Sociétés gymnastiques de France,* nom de cette association, créée sur le modèle de celles qui existent en Allemagne, en Belgique, en Italie et en Suisse.

SOCIÉTÉS DE GYMNASTIQUE DE FRANCE

Société de gymnastique de Bayon (Meurthe);
Société de gymnastique de Beaucourt (Haut-Rhin);
La *Bourguignonne,* de Beaune;
* Société internationale de Besançon;
Société internationale de Bordeaux;
Société de gymnastique de Bordeaux;
Société de gymnastique et d'instruction militaire de Bordeaux (Gironde);
Société d'émulation de gymnastique de Boulogne-sur-Mer;
Société de gymnastique de Cambrai;
L'*Espérance* de Charleville;
Société de gymnastique de Charmes (Vosges);
Société de gymnastique de Châtel (Vosges);
L'*Avernoise* de Clermont-Ferrand;

La *Compiégnoise* de Compiègne ;
L'*Union* de Cumières (Marne) ;
Société de gymnastique de Damery (Marne) ;
Société libre de gymnastique d'Epernay (Marne
Le *Réveil* d'Epinal ;
Société de gymnastique de Frouard-Pompay ;
La *Gymnastique*, du Havre ;
* Société de gymnastique de Lille ;
Société de gymnastique de Lons-le-Saulnier
* La *Lorraine*, de Lunéville ;
Cercle gymnastique de Lyon ;
Société suisse, de Lyon ;
La *Gauloise*, de Montbéliard ;
Le *Sport*, de Nancy ;
La *Néracaise*, de Nérac ;
* La *Française*, de Paris ;
* La *Gauloise* de Paris ;
* La *Nationale* de Paris ;
Société suisse de Paris ;
Société gymnastique de Pau ;
Société gymnastique de Pont-à-Mousson
Société gymnastique de Raon-l'Etape ;
* L'*Ancienne* de Reims ;
* La *Fraternelle* de Reims ;
* La *Gauloise* de Reims ;
Société de gymnastique de Saint-Lô ;
Société de gymnastique de Saint-Maurice-sur-Moselle ;
Société de gymnastique de Sedan ;

Société de gymnastique de Thaon ;
* La *Touloise* de Toul ;
Société de gymnastique de Valence ;
Société de gymnastique de Valenciennes ;
La *Borroillotte* de Valentigney ;
Société de gymnastique de Vitry-le-François.

« Les villes de Cholet, la Rochelle, Montpellier, Remiremont et Rouen organisent des Sociétés de gymnastique. »

LES SPORTMEN

PENDANT LA GUERRE DE 1870

VII

Il est à remarquer que ceux qui se sont bien battus contre les Allemands dans la dernière guerre étaient tous des hommes habitués aux exercices de sport

Quand on a l'habitude de la lutte avec le péril on est toujours prêt lorsque l'heure du dévouement a sonné.

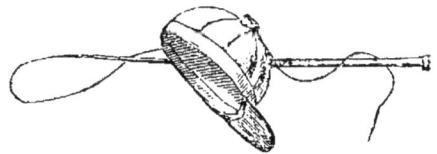

Ce corps d'élite, qu'on appelait les zouaves pontificaux et qui avait l'honneur d'être commandé par le brave général de Charette, n'était-il pas en entier composé de jeunes cœurs, amants de tous les dangers.

Aussi lorsqu'à cette mémorable journée de Patay

d'autres régiments et des plus braves semblaient vouloir décliner la mission sûrement mortelle d'enlever une position prussienne qui semblait inexpugnable, Charette, voyant cette hésitation, n'a qu'à s'écrier :

Mes enfants, c'est à nous de montrer comment on meurt pour la France ! En avant !

Et c'est le sourire aux lèvres que ces jeunes gens se ruent au devoir, à la mort !

Ils savaient pourtant que les trois quarts d'entre eux y resteraient, et la plupart étaient des fils des plus nobles familles. Comblés des dons de la fortune, ils avaient tout quitté pour servir leur pays. C'est ainsi que le noble coursier, fils indompté du désert, tressaille au premier appel du clairon de guerre.

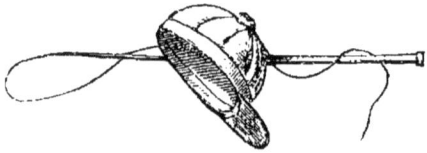

Pour les natures d'élite le danger n'est qu'un attrait puissant. C'est un aimant mortel, mais il a des charmes irrésistibles.

Est-ce que parmi les morts tombés au premier rang devant l'ennemi, l'on n'a pas ramassé le jeune duc de Luynes ? quel plus grand exemple de patriotisme peut-on citer que celui d'un grand seigneur, mourant pour son pays, bien que ce pays se fût donné à son ennemie naturelle, la République ?

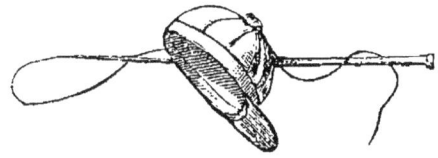

Et, dans les murs de Paris assiégé, qui donc a créé ce corps de volontaires à cheval qui a eu l'honneur, le 19 septembre, de livrer le premier combat sous Paris, en chargeant dès sa première rencontre les hussards bleus de la garde royale ? Qui donc a su en quelques jours communiquer à ces jeunes gens, qui pour la plupart n'avaient pas été militaires, cet entrain et cette tenue des vieilles troupes auxquels le général Ducrot a rendu hommage et que les Prussiens eux-mêmes ont appréciés ?

N'est-ce pas un sportman émérite, le glorieux Franchetti qui paya de sa vie un dévouement sublime ?

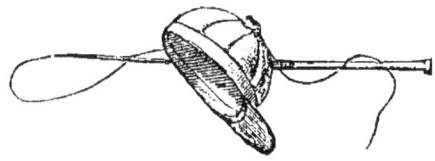

Ce gentleman était jeune, riche, plein de vigueur et de santé, étincelant d'esprit et de beauté.

La vie semblait l'entourer comme d'une auréole de bonheur.

Bien d'autres à sa place se seraient désintéressés de cette question et se seraient contentés de songer à leur avenir assuré long et paisible pour toujours.

Le cœur de Franchetti battait plus chaudement.

Il était à Luchon, avec sa jeune femme qu'il adorait, et sa charmante petite fille. C'est là que dans les premiers jours du mois d'août, la nouvelle de nos revers vint le trouver.

Si nous ne nous y mettons pas tous, s'écrie-t-il, *nous sommes perdus !*

Il dit adieu à sa jeune femme, embrasse sa fille, reçoit la bénédiction de sa mère et vient à Paris créer cet escadron auquel son nom fut attaché.

On y voyait des gentilshommes, des hommes de lettres, des commerçants, quelques anciens militaires, mais tous avaient été habitués à la fatigue et au danger.

Je passe brièvement sur ce sujet parce que l'un de ces éclaireurs à cheval, mon ami Edgar Rodrigue, a retracé leurs faits et gestes dans un livre intitulé : Les *Volontaires de 1870*.

Ce livre devrait être partout, sur les tables des salons aristocratiques, comme dans les bureaux des commerçants.

C'est un chant de patriotisme plein de coloris, où le cœur jette sans cesse de chauds accents, et l'esprit étincelle à chaque page.

Prenez la statistique des aéronautes partis en ballon de Paris, pendant le siége de 1870, c'est-à-dire ayant à lutter en même temps contre la mauvaise chance de tomber dans les lignes prussiennes, contre les rigueurs de la température et les caprices du vent?

Parmi ces hommes dévoués, vous trouverez d'abord des marins, c'est-à-dire des gens sachant jouer leur vie sans sourciller; puis, des gymnastes comme Poirier, des hercules forains comme Joiguerez, des écuyers comme Georges Vidal, le neveu de François Loisset, ce grand maître de l'équitation et ce directeur émérite, des clowns comme Verrek, des marchands de bœufs habitués à la vie active et à la fatigue incessante, comme MM. Boisemfrey, dit *Chabaret*, et E..... C...., tombés, le premier à cinq cents mètres d'un camp prussien, le second au fond de la Hollande, à trois kilomètres de la frontière prussienne. Ce dernier s'était engagé, dès le début, à l'escadron Franchetti, et c'est en uniforme qu'il était monté dans le ballon la *Poste de Paris*.

FORMATION

DE LA

TROUPE FERNANDO

VIII

C'est en 1872 que la troupe Fernando fut formée. Ses débuts eurent lieu à Vierzon. Cette petite réunion était alors bien modeste. Il n'y avait que six chevaux et cinq artistes, mais ces cinq artistes appartiennent à cette grande école qui sait forcer le succès et s'imposer au public.

C'étaient MM. Fernando père et fils, Bertoletti, Gillardoni et Horvard. Ils étaient tour à tour clowns, écuyers, gymnastes.

Six mois après la troupe débutait à Châlons avec dix chevaux et un personnel assez nombreux. Elle s'était adjoint le clown Sigrist, les deux frères Loyal, la famille Seller, la famille Bouthors.

Au commencement de 1873, on vint s'établir à Vaugirard en plein faubourg de Paris.

L'entreprise était hardie, le succès y répondit. La fortune aime les audacieux.

Plusieurs célébrités du grand cirque de Paris vinrent réclamer l'honneur d'entrer dans cette troupe qu'on savait bien dirigée, dès l'instant qu'un homme de la valeur de Fernando était à sa tête. MM. Bugny, Gailhard, Medrano furent acceptés.

Le clown Bonaventure arrachait alors au public de chaque soir, des bravos presque frénétiques avec son périlleux exercice des tabourets.

SUCCÈS & REVERS

IX

De Vaugirard on se rendit aux Batignolles, rue Legendre prolongée. Là pendant trois mois le succès fut constant.

Il faut dire que M. Fernando avait engagé Mademoiselle Constance Chiarini, une cousine de la célèbre écuyère du Cirque des Champs-Elysées.

C'est une belle et élégante jeune fille. Sa tenue à la ville est aussi modeste et de bon ton que sa hardiesse à cheval est sans borne et sans frein. Aucune autre en Europe ne peut rivaliser avec elle pour monter en haute école. Le talent semble du reste être un don naturel dans cette famille des Chiarini.

Alexandrini, l'équilibriste si connu et si apprécié,

se partageait en même temps la sympathie du public avec l'écuyer Morfatt.

La fortune a ses caprices, et ses favoris doivent s'attendre à des revers. Le Cirque Fernando l'éprouva en se rendant à Neuilly. L'insuccès était d'autant plus cruel que M. Fernando y fut la victime d'un assez grave accident. Il fit une chute si malheureuse qu'il prit un effort à l'aine et resta un mois au lit.

On quitta cette station de male chance et l'on vint retrouver le succès à Clichy-la-Garenne. Mais ce retour de la fortune ne fut pas sans nuage. M. Fernando mal guéri de son accident de Neuilly voulut travailler quand même et prit une entorse du reste sans gravité.

Enfin l'on vint s'établir au boulevard Rochechouart, dans ce terrain inoccupé et inbâti qui s'étendait entre le haut de la rue des Martyrs et la rue de Lallier.

Madame Fernando sentait que là serait la réussite complète. Les femmes ont toujours de justes pressentiments. Elle voulut s'y préparer dignement en donnant une représentation au bénéfice des pauvres, à l'endroit même ou elle avait commencé son petit pécule.

Le jeudi soir, 7 août 1873, elle donna cette représentation, qui était en même temps un adieu et une bonne action La salle était bondée de spectateurs et c'était presque le cas de dire que le contenu était plus grand que le contenant.

Le samedi, 9 août, on débutait boulevard Rochechouart. Je vous laisse à penser s'il avait fallu que toute la troupe mit la main à l'œuvre pour démonter et remonter le cirque en quarante-huit heures

MANIÈRE

DE

MONTER UN CIRQUE FORAIN

X

Il faut d'abord tracer la piste du manége. C'est toujours un des plus vieux et des plus expérimentés parmi les artistes de la troupe qui est chargé de ce soin. La parfaite régularité du manége est fort importante. Tout repose sur l'équilibre, dans les exercices d'un cirque, et la réussite dépend de cette première base.

On pose ensuite les poteaux destinés à soutenir les gradins et la couverture. Il y en a généralement trente-deux. Puis on installe les gradins qui doivent venir jusqu'à la barrière de la piste. On cloue dessus les planches destinées à former les siéges du public.

Ces divers apprêts peuvent être faits à l'avance

pour ne pas retarder la troupe au moment où elle arrive avec sa tente et son mât.

Le premier soin des artistes à leur arrivée c'est de lever le mât. Il est soutenu par quatre aubans. On hisse ensuite un chapiteau en toile imperméable généralement de couleur verte. Lorsqu'il est hissé on le tend avec soin et on le fixe sur un bandeau qui se trouve lui-même cloué au bout des poteaux extérieurs de façon à couvrir les places des spectateurs. Puis on adapte à ce même bandeau une toile faisant tout le tour du cirque et allant jusqu'à terre.

Voilà le cirque fermé et à l'abri.

Les écuries sont établies de même sur un des côtés du cirque. C'est une rangée de poteaux bien fermés de toiles et formant un abri sûr et chaud pour les chevaux sortant de travailler.

Puis on garnit les banquettes d'étoffe. Les siéges

n'en restent pas moins durs, mais l'œil est plus flatté.

L'appareil à gaz est posé autour du mât et des tuyaux en caoutchouc viennent y apporter la lumière éclatante.

En face l'entrée on dispose des stalles-chaises, formant les places réservées et occupant environ un sixième du cirque.

Au-dessus, est installé le contrôle avec un bureau pour recevoir les billets. Il y a généralement six entrées : deux pour les places réservées, deux pour les premières et deux pour les secondes.

En face les places réservées se trouve l'entrée des chevaux et des artistes. Elle est fermée par un simple rideau.

Au-dessus de cette entrée est placé l'orchestre, en général moins harmonieux que bruyant.

A côté de l'orchestre on a eu soin de mettre une rampe imitant théâtre. C'est pour jouer les pantomimes.

LA PISTE DU MANÉGE

XI

La piste doit avoir 13 mètres de diamètre. Il faut toujours qu'elle ait été piochée avec soin pour la rendre parfaitement égale et moins dure. Pour la faire et la mettre à point, on fait galoper les chevaux avant la première représentation. Puis on la recouvre de cinq centimètres, au moins, de sciure de bois. Le cheval ne doit jamais être exposé à galoper sur un corps dur, ni à porter son pied à faux.

Les chevaux ne sont jamais ferrés. C'est du reste une bien bonne mode quand on peut la prendre.

Les chevaux arabes qui accomplissent des trajets fabuleux dans les sables des déserts ne sont pas gênés par la ferrure.

On sait qu'Henri Jeunings, l'entraîneur émérite du bac de la Croix-St-Ouen, fait courir ses chevaux sans fers toutes les fois qu'il le peut. Il ne faut pas oublier que l'année dernière, en Angleterre, il a dû en partie les victoires répétées de *Peut-être*, le remarquable cheval de M. Aumont, et son grand triomphe du Cambridgeshire, à la douceur des gazons anglais qui lui permit de faire déférer son champion et de le faire galoper sans ces entraves plus gênantes qu'on ne croit.

Dans les cirques forains ainsi installés, il faut remarquer que la porte d'entrée des chevaux est faite en demi-lune au lieu d'être fermée comme dans les grands cirques établis à demeure. Les chevaux ont besoin d'être beaucoup mieux dressés pour ne pas essayer de se dérober en passant près de cette barrière entr'ouverte.

INSTALLATION

DES

LOGES DES ARTISTES

XII

Au-dessous des gradins où sont assis les spectateurs, on met les loges des artistes. Cette installation manque de toute espèce de confort; c'est primitif et nullement chauffé. L'hiver, il est un peu rude de se deshabiller et de s'habiller ainsi presqu'en plein vent. Mais bast! l'artiste n'a-t-il pas les applaudissements de la foule enthousiaste qui lui sourient d'avance et le réchauffent quand même.

Tout est fait en rotonde comme dans le cirque. Sous cette rotonde, il y a des costumes variés, des accessoires de toute sorte, des chevaux, des écuyers, des clowns, des gymnastes, des écuyères plus ou moins charmantes, des chiens savants, des singes malicieux, des boucs dressés à monter à cheval, des éléphants, etc.

Voilà pourquoi on n'admet pas ou l'on admet peu le public à visiter les écuries et à pénétrer dans cette tour de Babel d'un nouveau genre.

APPUI

DE LA

PRESSE PARISIENNE

XIII

La presse parisienne s'émut de ce succès d'un cirque forain venant s'imposer en plein Paris.

La marche fut ouverte par mon collaborateur et mon ami Jehan Valter dans une de ses gazettes parisiennes, du *Paris-Journal*, gazettes que, sous la direction magistrale de M. de Pène, il sait rendre si souvent palpitantes d'intérêt et d'actualité. Les rédacteurs du *Figaro*, du *Gaulois*, du *Jockey*, etc., le suivirent dans cette voie.

Je ne puis résister au plaisir de citer en entier la notice de Jehan Valter qui parut dans le numéro du 13 mai 1874 au *Paris-Journal*.

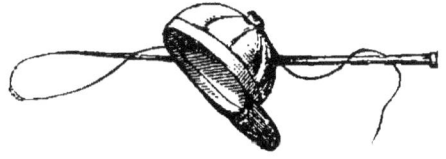

Là-bas, là-bas, tout en haut de la rue des **Martyrs**, dans un terrain vague qui donne sur l'ancien boulevard extérieur, toute une population nomade, composée d'une quarantaine d'individus, hommes et femmes, est venue s'installer il y a quelques mois. Cette population habite là complètement, couchant et mangeant, les uns sous des tentes, les autres dans des voitures. Les jours de beau temps, la cuisine se fait en plein air, et une forte odeur de pot-au-feu arrive jusqu'au nez des passants. Les hommes travaillent à des choses étranges ; il y en a qui lèvent des poids, d'autres qui font de la gymnastique, d'autres qui marchent sur des cordes tendues ; les femmes chantent ou cousent ; les enfants crient ou jouent, et le soleil darde d'aplomb ses rayons jaunes sur ce groupe bruyant, bizarre, alerte et joyeux.

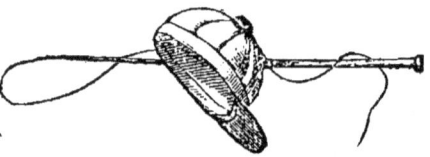

Par intervalles, un hennissement se fait entendre. Ce hennissement vient d'un hangar construit à droite, lequel hangar sert d'écurie à une vingtaine de chevaux.

A terre, il y a des banderolles, des costumes, des cerceaux en papier ; au plafond, des perches, des anneaux, des cordes, et accrochée à une porte, une pancarte sur laquelle on lit, écrit à la main :

TOUS LES SOIRS A 8 HEURES

Représentation

Ouverture des Bureaux à 7 heures et demie.

1er cheval dans l'arène à 8 h. 1/2.

Boulevard de Rochechouart, à l'angle de la rue des Martyrs.

CIRQUE FERNANDO

Représentation du 21 mai 1874.

PROGRAMME ET ORDRE DE SPECTACLE

1. Le Zouave, par M. Ferdinand Bouthors.
2. Le Mouchoir, par M. Pascale.
3. Culbutes à cheval, par M. Victor Bouthors.
4. Le Coussin, par le clown Elliott.
5. Travail en grâce, par Mlle Clotilde.
6. *Bitter*, cheval dressé, par M. Fernando.
7. *M. Chevallier*.
8. Entrée à deux, par les clowns Medrano et Pascale.
9. Poses du Châle, par Mlle Juliette.
10. Voltige, par Mlle Marthe.
11. Les trois Nations, par M. Fernando.
12. Le double Trapèze, par MM. Gilardoni et Medrano.

Robert le Diable, pantomime.

Ce cirque — car c'est bien effectivement un cirque, — a aujourd'hui neuf mois d'existence. — Il est construit moitié en planches, moitié en toiles, et a pour directeur la famille Fernando, composée du père, de MM. Louis et Adolphe Fernando, ses deux fils, et de Mlles Marthe et Eugénie Fernando, ses deux filles.

Je suis entré là l'autre soir, par hasard.

Il pleuvait et je n'étais pas fâché de trouver un abri de quelques minutes. Faut-il l'avouer? Je suis resté deux heures, c'est-à-dire jusqu'à la fin du spectacle. Je crois même que je suis sorti le dernier.

Je me hâte d'ajouter, pour ma justification, que le spectacle était des plus intéressants et des plus variés, que la salle était pleine de mamans et de bébés, que tout le monde riait et s'amusait et que, s'en m'en apercevoir, j'ai fini par rire et m'amuser comme tout le monde.

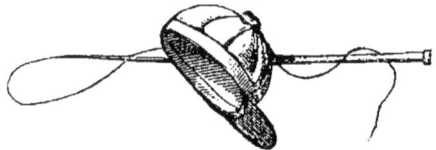

Entre parenthèses, je dois dire qu'il y a dans la troupe une certaine écuyère, nommée, je crois, Juliette, qui est bien la plus jolie fille que j'aie vue depuis longtemps.

D'où viennent ces écuyers, ces gymnastes, ces clowns qui composent la troupe Fernando? Quelles circonstances les ont amenés à s'installer sur le boulevard Rochechouart? C'est ce dont je me suis informé avant de partir.

La troupe Fernando a commencé par battre la province, donnant de ville en ville des représentations; de province elle débarqua un beau matin à Paris, il y a de cela un peu moins de deux ans, et planta sa tente à Clichy; de Clichy elle gagna les Batignolles, et des Batignolles le boulevard Rochechouart, où elle est maintenant, et où, en présence de l'affluence quotidienne du public, son directeur ne parle de rien moins que de l'installer définitivement, en faisant construire un véritable cirque au lieu et place de la tente actuelle.

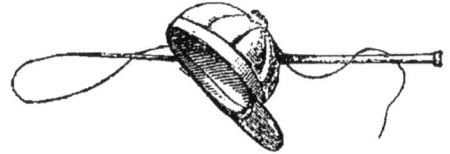

Il est probable qu'en dehors des habitants du quartier des Martyrs, bien peu de Parisiens connaissent le cirque Fernando. Aucun journal n'en a encore parlé, le boulevard Rochechouart d'ailleurs n'est pas précisément un lieu de promenade.

En consacrant ma Gazette de ce jour aux artistes qui m'ont fait passé tout dernièrement deux bonnes heures, j'accomplis non-seulement un devoir de reconnaissance, mais je crois rendre service à une certaine catégorie de flâneurs du boulevard, toujours en quête d'imprévu, et qui se demandent chaque soir, après dîner, de quel côté ils dirigeront leurs pas, pour voir autre chose que ce qu'ils ont vu la veille.

Il semble que ce soit tout exprès pour ces flâneurs blasés que le cirque Fernando s'est installé au haut de la rue des Martyrs. Certes, le local en lui-même n'a rien de luxueux, les banquettes pourraient être mieux rembourrées, les musiciens pourraient jouer avec plus d'ensemble ; mais quel entrain, quelle souplesse, quelle légèreté, quelle audace, dans toute cette troupe dorée, fardée, pailletée, d'écuyères court-vêtues, de gymnasiarques en maillot et de clowns blanchis !

En les regardant courir, grimper, pirouetter, toujours alertes, jamais las, on se sent pris de démangeaisons dans les jambes et dans les bras, et on a des envies folles de sauter dans l'arène pour enfourcher un cheval ou faire du trapèze.

N. B. Ne pas partir avant la grande pantomime de la fin, et le feu d'artifice qui la termine. Ce divertissement est un des côtés pittoresques de la représentation.

FEUILLETON THÉATRAL

du GAULOIS

XIV

Roger de Beauvoir consacra au cirque Fernando une de ses chroniques qu'il intitulait *le théâtre et la ville* et qui étaient un des plus grands éléments de succès du journal le *Gaulois*.

Cette chronique, la voici :

Là-haut, là-haut, tout en haut de la rue des Martyrs, sur les terrains longtemps vagues bornés au nord par le boulevard Rochechouard — à quelques pas de la *Boule-Noire*, célébrée naguère par les frères de Goncourt — au sommet de ce calvaire d'amour connu sous le nom de quartier Bréda, s'élève une construction en rotonde, pour le moment provisoire, qui n'est autre que le Cirque Fernando.

Les patriarches du saut périlleux, les sommités

du grand écart, les *ténors* de la voltige aérienne ont là de dignes successeurs.

Franconi, Auriol, Chadwick, votre grand art ne périra pas !

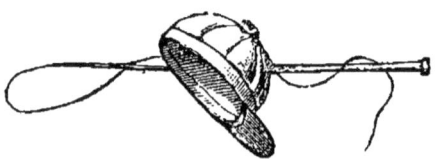

Le Cirque Fernando est construit en planches une grande toile verte le recouvre en entier ; il y a quatre catégories de places : les premières, les secondes et les troisièmes. Il y a aussi les *chaises réservées*.

Ces siéges sont tout un poëme. Ils tiennent à la fois du balcon, de l'orchestre et de l'avant-scène. Le public qui les occupe appartient à tous les mondes, — surtout au *demi*. On y voit trôner les petites et les grandes dames et d'ailleurs ; là se rencontrent et quelquefois se heurtent le ban et l'arrière-ban de la galanterie... alphonséenne : Augustina s'y coudoie avec Angèle... la nouvelle marquise de la rue La Bruyère.

Ces demoiselles y prennent leurs ébats ; elles s'y trouvent comme chez elles. Peu ou point de toilette suffit, et d'ailleurs on vient plutôt pour regarder que pour être vu. Ce n'est pas le bal où il faut tenir son rang ; ce n'est pas non plus le théâtre où l'on ose à peine lever les yeux... non, c'est le Cirque Fernando.

Quelle troupe d'ailleurs ! et si bien faite pour exciter les convoitises ardentes de ces modernes Marion de Lorme.

J'examine d'abord le personnel animal, qui est des plus brillants, et dont voici la composition :

26 chevaux.
8 singes.
30 chiens.
2 chèvres.
1 bouc.
Et un cochon.

Ce cochon est déjà illustre dans le quartier des Martyrs ; il paraît qu'après son succès dans la pantomime de *Saint-Antoine*, il aurait failli devenir l'objet d'un guet-apens. — Le vendredi-saint de la présente année, des libre-penseurs en goguette, l'avaient volé et allaient lui faire passer un mauvais quart d'heure. Ce fut grâce à son énergie que ce noble animal — comme dit quelque part Pierre Dupont — put échapper à la grillade et se *tirer les pieds* de cette odieuse Sainte-Menehould.

La Compagnie artistique de l'établissement n'est pas moins bien partagée.

Le Cirque Fernando n'emploie pas moins de :

8 clowns.
15 écuyers.
6 écuyères.
3 *trapéziens.*

Il y a, en outre, 14 musiciens dirigés par M. Bouillon — qui n'est pas élève du harpiste Godefroid.

Tous, artistes et animaux, rivalisent de zèle et d'entrain pour mériter la faveur de ce public d'élite.

Mais l'étoile du manège — le préféré, le Benjamin, l'applaudi, c'est le clown Medrano.

Lorsque la pointe effilée de sa perruque de chanvre apparaît entre les rideaux qui, sous l'orchestre, masquent l'entrée des coulisses, ce sont des rires, des bravos, des cris à intimider un orateur de l'extrême gauche. Et quand Medrano, après cinq ou six cabrioles vertigineuses, vient rebondir au milieu de l'arène, ces dames se renversent sur leurs chaises, poussent des ha! des ho! formidables.

— Qu'il est drôle! dit l'une.

— Quelle souplesse, quelle force! C'est un rude homme! réplique l'autre.

On échange avec Medrano des sourires et des baisers.

L'habile acrobate fait valoir tous ses avantages et, depuis Léotard, on n'a jamais vu de triomphateur aussi convaincu.

Il y a des vides nombreux aux chaises réservées.

— Pourquoi avez-vous si peu de monde ce soir? demandai-je à M. Fernando.

— Ah! monsieur, me répond-il navré, c'est aujourd'hui le 15 octobre et mes abonnés déménagent.

— Très-juste, M. Fernando!

> Je sais que le terme d'octobre
> Est toujours le diable à payer.

Medrano ne paraît pas content — on ne l'a pas habitué à *travailler* devant les banquettes vides.

Cela ne l'empêche pas de continuer sa vie de bâtons de chaise.

4

Demain ou après — le terrible clown prendra sa revanche.

Il serait trop long de nommer tous les chefs d'emploi de cette troupe équestre.

Les Fernando, non contents de cabrioler sur les traces de leurs devanciers, organisent et jouent des pantomimes à faire pâlir les splendeurs anciennes du cirque Olympique.

Ils donnaient ce soir :

LE MÉNÉTRIER

ou

LA NOCE INTERROMPUE.

Admirable chose ! sublime échange de coups de pieds homériques ! Pluie de soufflets.

O Gauthier ! que n'étais-tu sur une de ces chaises dont je parlais plus haut, toi qui aimais tant à voir rosser Cassandre par le spirituel Arlequin.

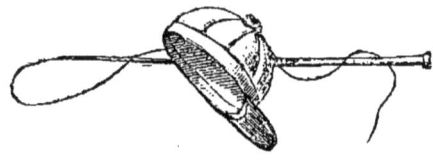

Parmi les habitués et les fidèles de l'endroit se trouve mon ami Gustave Lafargue, qui vient régulièrement tous les deux jours entre neuf et onze heures, et qui c... grand amateur de ce genre de spectacle.

J'y ai vu ainsi Carrier-Belleuse, Leroux, Brandon, Marchal ; ils riaient comme des fous.

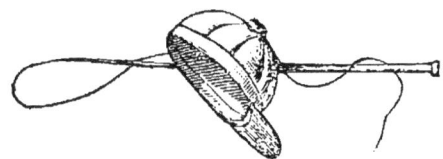

Sérieusement, la troupe Fernando a de l'avenir.

A côté de la baraque en planches, on construit hâtivement un véritable cirque dont les proportions rappelleront un peu celui de M. Dejean aux Champs-Elysées.

Il y aura deux mille places. M. Fernando compte renforcer son personnel de quelques phénomènes encore ignorés à Paris.

L'idée est bonne assurément. Ce théâtre-manége ne manquera pas de clientèle. Par ces temps d'averses continuelles, il ne peut manquer de servir d'abri aux cocottes et aux désœuvrés du quartier.

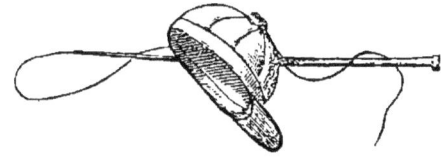

Buffon a dit que le style, c'est l'homme.

La façon d'écrire de Roger de Beauvoir nous prouve combien il avait raison.

Sa taille est élégante, sa tenue toujours correcte et pleine de distinction. Une légère teinte de mélancolie voile le feu de son regard.

Son style est toujours élégant et choisi, et dans sa phrase coulante et facile l'on trouve le mot vrai, le mot propre à côté de l'expression prêtant à la rêverie.

APPUI DU JOCKEY

ET DU

WILLIAMS-TURF

XV

Quelques jours plus tard, dans le Journal le *Jockey*, E... C... publiait l'article suivant :

La pantomime italienne s'est implantée en plein Paris depuis quelque temps, et c'est dans le cirque forain établi au haut de la rue des Martyrs qu'elle a élu domicile. Cette petite troupe d'artistes consciencieux et intelligents a donné tour à tour *Robert le Diable*, la *Muette de Portici*, *les Brigands*, *les Braconniers*, etc.

Aujourd'hui elle joue *la Tentation de Saint-Antoine*. Si vous voulez faire passer une bonne soirée à vos enfants et vous amuser vous-même, conduisez-les là.

Le *Compagnon* de Saint-Antoine est fort bien dressé ; les costumes, genre mère Angot, sont frais, les artistes sont jeunes et pleins d'entrain. Le quadrille des Clodoches dansé par les clowns fait rêver le bon Saint-Antoine, et la séduction s'achève grâce à Mademoiselle Juliette. A nos yeux Saint-Antoine est fort en péril, et quand vous aurez jugé par vous même, vous direz comme nous que la charmeuse est bien faite pour damner un saint.

Ces pantomimes sont toutes montées par MM. Fernando père et fils, Gillardoni et Bertoletti. Ce dernier a un talent de mime incomparable. C'est du reste un artiste de grand mérite. Rien ne lui est étranger. Il a été clown, il est écuyer. C'est lui qui lors de la création de l'hippodrome de Marseille, eut ce succès éclatant et vivant encore dans le souvenir des Marseillais pour les courses en char de six chevaux. C'est lui qui fit les pyramides pour la première fois au cirque Napoléon avec les Cavallini. Son talent pour les pantomimes lui vient d'Italie, la terre classique des mimes, mais son séjour au cirque Loisset ne lui a pas nui.

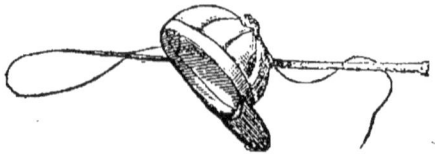

Il est étonnant de pouvoir arriver dans un manège à produire presqu'autant d'effet que sur un théâtre avec ce genre de spectacle. Ce résultat est dû à la perfection et à l'ensemble de la troupe Fernando, toujours choisie avec soin et bien montée en clowns. Nulle part on ne peut trouver le brio du jeune clown Medrano.

Quand aux écuyères, chez elles la jeunesse s'unit au talent. Chez la fille de Bertoletti, Mademoiselle Clotilde, on reconnaît la grande école des vrais artistes, et dans le travail de Mademoiselle Marthe on voit que l'œil sévère de M. Fernando a passé par là. L'une est la force, l'autre est la grâce, la souplesse et la séduction, toutes les deux sont ballerines autant qu'écuyères.

Nous savons que sous peu de jours, M. Fernando va faire poser la première pierre d'un cirque à demeure sur l'emplacement actuel. Nous accompagnons cette entreprise de tous nos vœux, parce qu'elle est l'œuvre d'un travailleur consciencieux aimant son métier et désireux de contenter le public. Elle réussira.

La vogue du Cirque est bien méritée par le soin qu'apporte la direction, à varier ses spectacles, et à contenter son public. Chaque semaine ce sont des exercices nouveaux et des pantomimes nouvelles. En ce moment, l'Italien Bertoletti, y a monté un mimodrame.

Au premier acte, on voit une fête de village. D'un côté les lutteurs, la femme-canon (une brune à l'œil chargé de promesses, aux formes appétissantes et sensuelles comme un tableau de Rubens); de l'autre, les montreurs de curiosités, les chanteuses, etc. C'est un bruit asssourdissant; on se croirait à la foire au Pain d'épice. Un détachement de soldats vient à passer. L'un d'eux est né dans le village, c'est le fils du maire. Il retrouve sa fiancée ; sa tête se perd, il déserte pour la revoir. On le reprend.

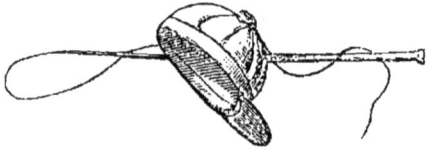

Au second acte, le déserteur est en prison. Son compagnon de cellule va bientôt avoir sa liberté; il veut bien se charger d'un mot pour le père du soldat, mais comment l'écrire? On l'écrit avec du sang sur un morceau de linge.

Le déserteur, condamné à mort au troisième acte, va être fusillé! La dégradation militaire est consommée, les fusils sont en joue, lorsque le père et la fiancée accourent avec la grâce du coupable.

Tout est bien qui finit bien, Combien de drames modernes n'ont pas une donnée aussi théâtrale ! La nature toute italienne et toute artistique de Bertoletti, est portée vers la mélancolie et la tristesse. C'est lui qui mime le déserteur. Il le fait avec tant d'art, que nous avons entendu une spectatrice s'écrier avec des larmes dans la voix : *Ah ! que je voudrais être aimée ainsi !*

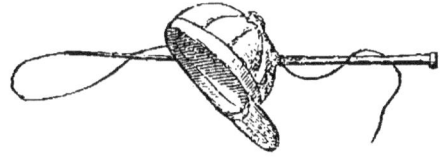

Moi-même, dans un numéro du *Willianis-Turf*, je donnai la nouvelle suivante :

Tabac, ce brave fils d'Orphelin et de Miranda, n'a vraiment pas de chance. Il vient encore d'être refusé par l'administration des haras. Et pourtant c'est un beau cheval qui a montré le plus grand courage dans sa carrière de courses. Ces messieurs les juges suprêmes ne tiennent aucun compte des performances des chevaux qu'on leur présente. Ils ont grand tort car ces performances ont une autre valeur que leur coup d'œil si faillible. Ne soyons pas étonné si leur refus est une recommandation pour un étalon auprès de plus d'un éleveur. Ils ont pu entendre une boutade d'un des hommes qui soignent Tabac. Il s'est écrié :

— Ces messieurs, ne sont pas de leur siècle. Ils sont les ennemis jurés du tabac. Je ne prise pas cette haine, mais elle me fait fumer.

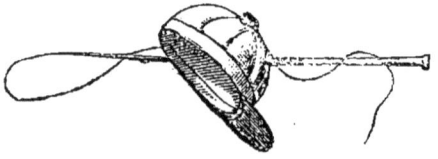

Il paraît qu'un homme des plus compétents a demandé à acheter le cheval. C'est M. Fernando qui veut le dresser en haute école et le faire débuter à son nouveau cirque. La question d'argent est le seul cheveu de cette idée. Madame Fernando défend sa caisse, comme une bonne ménagère ayant eu du mal à la garnir. Mais elle a un fils unique qu'elle adore et ce que le mari aurait eu de la peine à obtenir, le fils l'obtiendra aisément.

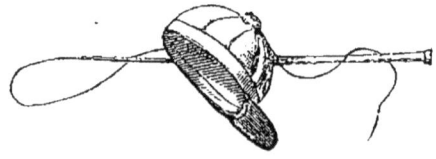

Le cheval sera dressé pour paraître en *tandem*, monté par une écuyère américaine déjà connue, et qui, sous la direction du vicomte de Corby (celui dont les titres authentiques de noblesse furent brûlés avec l'Hippodrome, on se le rappelle), a pris encore plus d'aplomb et de tenue. Ce genre de haute école n'a pas été tenté à Paris depuis la mort du vieux Franconi qui présentait ainsi la belle jument Norma à l'Hippodrome.

Heureux Fernando ? Il ne se refuse rien. Il a des écuyers de haute race, il lui faut des chevaux de pur sang.

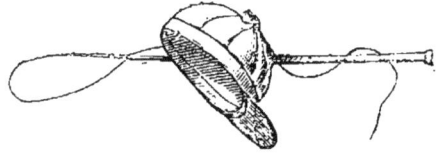

Le directeur du *Williams-Turf*, toujours homme d'esprit, accueillit drôlement cette boutade.

C'est un cadeau que vous me faites, me dit-il.

Comment ?

Un vrai cadeau.

Pourquoi ?

C'est une blague à tabac !

LE REPORTAGE PARISIEN

XVI

Ce qui a été une bonne fortune pour le cirque Fernando, c'est une mystification dont un habitué du cirque a eu l'idée de rendre victimes quelques reporters toujours en quête de nouvelles, et par conséquent bien faciles à prendre au piége.

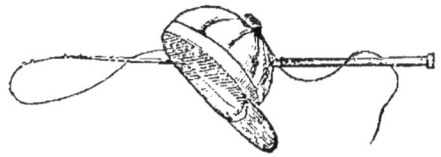

Le clown Bugny qui, au sortir de là est allé se faire tant applaudir aux Folies-Bergère avec sa troupe si bien dressée, était alors engagé à l'établissement forain de la rue des Martyrs. Il avait sous ses ordres un nombreux personnel de singes à l'humeur toujours malicieuse et vagabonde.

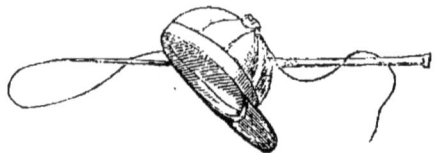

Un soir, le reporter d'un journal, toujours friand d'informations fraîches et inédites est signalé.

On fait lâcher deux de ces pensionnaires d'autant plus jaloux d'espace et de liberté qu'on les soumet d'ordinaire à des cabrioles très-peu indépendantes.

Une meute de gamins auxquels on a donné le mot d'ordre est mise à leur poursuite. Le quartier est en émoi.

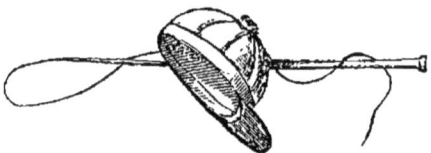

Le reporter se donne à peine le temps de prendre quelques notes. La piste est belle; il veut arriver beau premier dans les faits divers du lendemain.

Le tour était bien joué, car le thème de cette fugue des singes du Cirque Fernando a été reproduit dans tous les journaux de la capitale avec des variations plus ou moins imagées, et les journaux de province s'en sont occupés pendant huit jours.

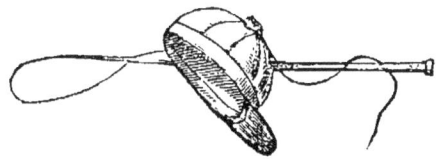

Cette réclame a été immense et peu payée.

Coût : une douzaine de pièces de cinquante centimes à la meute bruyante des gamins du quartier.

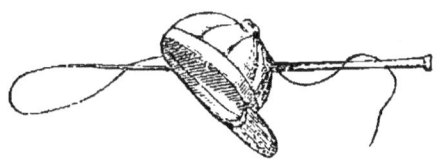

Je n'ai nullement l'intention d'attaquer ici les reporters. Je les crois fort utiles, surtout à l'existence de beaucoup de journaux. Je constate, au contraire, leur zèle et leur activité sur lesquels on avait compté dans cette occasion.

Quelques plumes fort goûtées ont jeté feu et flamme contre eux. Un seul a répondu, c'est le plus jeune, mon collaborateur Edouard Ducret. Il a fait l'historique du reportage, et sa réponse est si nette et si précise, que je veux la citer ici :

On s'est beaucoup occupé, depuis quelques temps, des reporters et du reportage. On en a même dit beaucoup de mal, mais on a oublié de définir exactement le *reporter*.

Reporter est un mot anglais. En Angleterre et en Amérique, il n'y a guère d'autres journalistes que les reporters.

Le *Times*, le *Daily Telegraph*, le *New-York Herald*, les plus grands journaux du monde, ont un seul *redactor*, le rédacteur en chef. En dehors de lui, il n'y a que des reporters, qui se divisent en reporters proprement dits et en *interviewer*.

Le reporter s'occupe de tout ce qui se passe ; il doit fournir à son journal les informations les plus complètes sur tous les événements importants.

Il y a des reporters politiques, des reporters littéraires, etc.

L'*interviewer*, lui, est chargé d'avoir des entrevues avec les grands personnages et les hommes politiques en renom, de causer longuement avec eux, soit de la situation politique, soit des projets d'un parti, et de raconter ensuite ces entrevues.

On se rappelle que, l'année dernière, le *Times* a longuement parlé d'une entrevue de son reporter avec M. le duc de Broglie.

Les correspondants des journaux anglais et américains sont des *reporters* chargés de les renseigner sur tous les faits importants qui se passent à l'étranger.

La correspondance parisienne du *Times* parle à la fois du nouveau ministère et du crime de la rue Debelleyme.

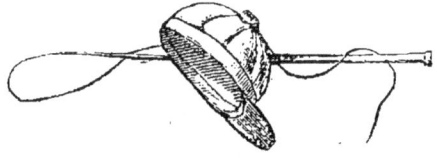

Autrefois, en France, les journaux donnaient fort peu de place aux informations.

Le *Constitutionnel* donna le premier une grande extension aux *faits divers*; ce fut même dans les colonnes de cette feuille vénérable que naquit le *canard*.

Les *canards* du *Constitutionnel* étaient jadis l'objet de plaisanteries plus ou moins bonnes.

Il y a déjà plus de dix ans, au moment où les journaux dits parisiens firent leur apparition, on comprit que les articles de *fond* ne suffisaient pas au public, et on songea à le mettre au courant de tous les événements importants, soit politiques, soit du monde, soit de la rue.

Vous savez le succès qu'eut cette nouvelle manière.

Les esprits les plus fins, les écrivains les plus remarquables, les journalistes qui, à l'heure actuelle, ont la plume la plus étincelante et la plus autorisée, firent du reportage mondain.

C'est à cette époque que le mot anglais *reporter* passa dans la langue française.

Depuis, tous les journaux sans exception ont un grand nombre d'informations ; ceux qui n'ont pas les moyens de payer des reporters donnent les nouvelles de leurs confrères, sans les citer, bien entendu, et souvent même sans en changer un mot.

Le public maintenant demande avant tout à être au courant de tout ce qui se passse ; les conditions de la vie ont changé depuis la vapeur et le télégraphe, on ne veut pas apprendre un événement au bout de quinze jours.

Les reporters qui fournissent aux journaux des informations immédiates sont donc indispensables.

Ce n'est pas à dire que, comme toute chose, le reportage n'ait pas ses mauvais côtés.

Certains reporters, ou soi-disant tels, ont fait profession d'indiscrétion, se sont mis à l'affût de scandales qu'il aurait mieux valu cacher, dans l'intérêt de tous, et ont tenu boutique ouverte de cynisme.

Malheureusement, dans toutes les professions, sans exception, il y a des gens peu estimables,

Aussi ne faut-il pas confondre les informations de certains reporters avec le reportage en général.

Comme le disait dernièrement notre ancien collaborateur, M. Gaston Jollivet, tant vaut l'homme, tant vaut la profession.

D'ailleurs, le reporter n'a pas seulement à donner une nouvelle.

Il faut encore qu'il la présente au public sous une forme attrayante, claire et correcte, forme que l'on serait bien souvent heureux de rencontrer chez certains romanciers ou dramaturges qui font profession de dédaigner le reportage, et ne dédaignent, en somme, que la grammaire française.

PROJET

DE

BATIR UN CIRQUE EN PIERRE

XVII

C'est au mois d'août 1873 qu'avait eu lieu l'installation de la troupe au boulevard Rochechouart. Six mois plus tard, Madame Fernando avait économisé sur les recettes de quoi lui permettre de songer à s'établir à poste fixe sur ce terrain qui semblait devoir être une mine d'or; elle voulut faire construire un Cirque en pierre.

On s'entendit avec l'architecte et les entrepreneurs; puis les travaux furent commencés.

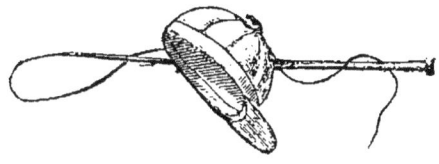

Je pourrais ici faire une description longue et pompeuse, dans ce genre ennuyeux qu'ont inventé les romanciers anglais. Mais je suis complétement de l'avis du rédacteur en chef, dont parle Léon Gozlan dans ses *Aventures d'Aristide Froissart*, un livre que je vous conseille d'avoir toujours sous la main pour les moments où vous éprouverez le besoin de vous égayer.

Ce rédacteur en chef avait pris le sage parti de ne plus payer les descriptions. C'était le meilleur moyen de s'en délivrer, bien qu'il fut en opposition hostile avec quelques écrivains d'alors ayant la prétention de se faire compter leur signature pour une ligne et de se la faire payer cinquante centimes, comme un oui ou un non des mousquetaires d'Alexandre Dumas.

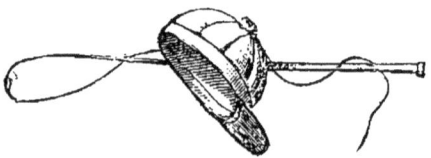

Je préfère me contenter de vous donner la silhouette de l'architecte, en vous engageant à venir voir son œuvre. Une simple visite vaut mieux, suivant moi, que dix pages descriptives, et puis il est toujours plus gai de parler d'un homme que d'une chose.

Celui dont j'ai à vous parler, et dont je ne puis me rappeler le nom, est un homme sérieux comme une réunion de notaires. C'est un travailleur infatigable et amoureux de son art. Il semble un puritain perdu dans ce pays d'amour qu'on nomme le quartier Bréda.

Cet homme, dont l'esprit est aussi droit que son aspect l'est peu, est d'une obligeance extrême, quelquefois même officieuse. Il m'a fait offrir de voir les épreuves de ce petit livre et de me donner des conseils.

J'ai trouvé qu'il était dur d'être corrigé par un architecte. Pour moi, ce doit être un homme *hors lignes*.

Dans ce cas-ci (allons, bon ! voilà qu'en parlant d'architecte mon style donne lieu à des jeux de mots de maçon)..., dans cette occasion, nous y gagnerons tous. Je n'aurai pas lourdement endormi mes lecteurs en les embarquant dans une description de moellons, et ils jugeront par eux-mêmes une œuvre qui mérite d'être visitée, parce que tout y a été fait avec soin.

LA BONNE FÉE

DU

CIRQUE FERNANDO

XVII

Les habitués du boulevard voulurent voir ces spectacles étranges pour eux, et qu'on leur vantait. Ils s'y amusèrent, y revinrent et y envoyèrent leurs amis.

C'est ici que je veux rendre hommage à la demi-mondaine qui a le plus contribué au succès de M. Fernando, parce qu'elle y venait parfois, et que beaucoup de gandins s'y rendaient dans l'espérance de la voir.

La fantaisie, ou plutôt sa passion pour les chevaux, qu'elle sait monter avec art, l'avait poussée sous cette toile peu élégante pour elle. Le hasard la mit au courant de l'historique de la famille Fernando. Elle est aussi bonne que belle, et son cœur s'intéressa à ces travailleurs infatigables.

De là à les protéger un peu, il n'y avait qu'un pas. Elle vanta le spectacle à quelques-unes de ses amies qui voulurent le voir.

Voilà pourquoi on était tout étonné de rencontrer sous cette toile, à l'aspect forain, des étoiles du demi-monde, comme perdues dans ce cadre extra-modeste.

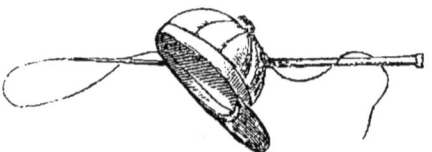

Vous voudriez savoir le nom de celle qui brillait entre toutes les autres et qui a joué pour le cirque ambulant le rôle d'une bonne fée :

> Nous allons chanter à la ronde,
>   Si vous voulez,
> Qu'elle est Danoise, et qu'elle est blonde
>   Comme les blés !

Quant à son nom, je ne puis même vous le dire tout bas. Devinez. Voici ses initiales : C'est M... L...

Cette jeune femme est vraiment belle, et son genre de beauté sort du commun. C'est une opulente nature, mais elle a gardé ce charme nuageux de la femme du Nord qui donne la distinction. C'est bien la fille des blondes reines d'Ossian.

Elle est devenue tout à fait Parisienne sans que son origine danoise se soit effacée.

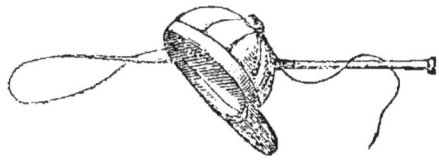

C'est une femme à la mode, mais tout en étant comment dirai-je?... un délicieux soldat de plaisir, elle a gardé le respect d'elle-même et sait doucement l'imposer à tous.

Jamais un mot grossier ne sort de sa jolie bouche. Cette qualité est trop rare pour ne pas être appréciée.

Aussi ne compte-t-elle parmi ses adorateurs que des gens bien élevés.

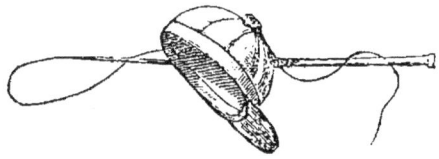

Si parfois un parvenu, glorieux de son argent et

se croyant tout permis par sa richesse, veut être insolent à son égard, elle lui fait sentir toujours avec à-propos et esprit qu'elle n'a que faire ni de lui, ni de sa fortune.

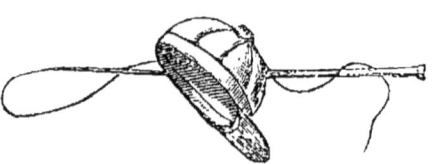

Il est presque impossible de l'approcher sans l'aimer, et l'on veut être son ami lorsqu'on ne peut être son amant.

Un ami, c'est l'élu de l'esprit et de l'âme; un amant n'est que l'élu du corps et des sens. Auprès d'une femme de cette valeur, l'ami est mieux partagé que l'amant.

Un de ses attraits les plus irrésistibles, c'est d'avoir l'air chaste, tout en promettant le plaisir, presque la volupté.

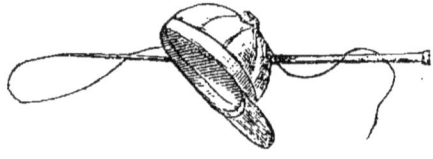

Elle répondit un jour à quelqu'un lui demandant: Pourquoi ne me tutoies-tu plus?

Ah! mon cher, on doit dire *tu* quand on se couche et *vous* quand on se lève.

Sa chambre favorite tient le milieu entre un cabinet de toilette et cet endroit charmant où vous reçoit d'ordinaire une femme à la mode et que l'on nomme boudoir.

Elle y reçoit ses amis, et elle a raison.

Le salon est trop solennel, la salle à manger trop sévère, la chambre à coucher trop intime.

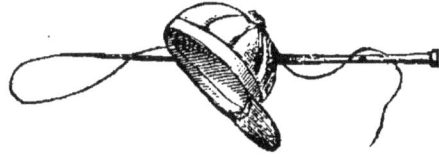

Dans un coin de cette chambre, sur un délicieux petit guéridon, est un charmant livre, fermé d'une clef d'or.

Lorsqu'elle reçoit un homme de talent, ce qui arrive souvent, car les écrivains les plus distingués, et même les académiciens les plus en vue ont plaisir à venir causer de temps en temps avec elle, elle ouvre ce petit livre et demande à son visiteur d'y inscrire quelques vers ou quelques mots.

Je puis en donner quelques spécimens qui prouvent, dans des genres différents, l'influence magnétique de cette enchanteresse,

AMITIÉ

Auprès des doux liens que l'amour entrelace,
Il est pour notre cœur un autre sentiment,
Qui laisse dans la vie une plus forte trace,
Et dont notre raison jamais ne se repent;

C'est l'amitié d'un ange, au corps de jeune femme,
Qu'on recueille à genoux, comme un céleste espoir,
C'est ce qu'auprès de vous, l'on désire, Madame,
Ce que je voudrais bien obtenir dès ce soir.

QUELQUES MOTS D'ÉCRIVAINS ILLUSTRES

Vous êtes belle, madame et je vous en remercie, car la beauté est une royauté et votre royauté a honoré ma maison en y venant.

A... H...

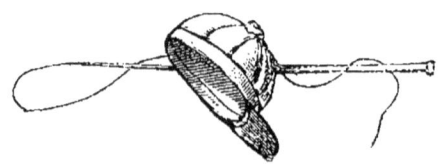

— Vous semblez, madame un marbre de Paros ciselé par un sculpteur grec en délire.
A... D...

Esprit, beauté, talent et grâce,
Vous avez tout, ma chère enfant,
Tout ce qui reste et ce qui passe...
Que de trésors jetés au vent.
H. de M.

Un grand seigneur, qui est en même temps un homme de beaucoup d'esprit, s'en est tiré de la façon suivante.

Il a écrit simplement :

Bon pour dix mille francs en cas de gêne.

Et sa signature vaut autant que du papier Garat.

Un amoureux, modeste et timide, parce qu'il sentait tout le prix de cette étoile, lui adressa le jour de sa fête les vers suivants. Elle y fut, dit-on plus sensible qu'à l'envoi des plus riches cadeaux :

Je ne connaissais pas le jour de votre fête !
Lorsque tous près de vous ont devancé mes pas
Qu'apporter à vos pieds, moi, pauvre enfant poète ?
  La branche d'un lilas !
Quand le printemps en fleurs et sa riante image
De l'hiver qui s'enfuit chassent loin la rigueur,
Du souffle du printemps recevez cet hommage,
  Vous sa plus douce fleur !

M... L.. est peut-être la seule femme incapable de garder un amant qui ne serait pas à son gré, de quelque prix qu'il fût, en position de payer le défaut de ne pas lui plaire.

Ses mots sont souvent pleins de tact et de finesse.

Un grand seigneur faisait trop parade de sa fortune devant elle.

Ah! ne venez donc pas, lui dit-elle, mêler le bruit des baisers au tintement de l'or. Il sonne faux.

M... monte à cheval avec beaucoup de grâce et d'énergie. Elle est d'une adresse rare au tir au pistolet et à la carabine.

Elle voulait absolument se faire inscrire pour prendre part au dernier concours international de tir qui a eu lieu à Monaco. Sa demande quoique présentée très-sérieusement ne pouvait être acceptée.

C'est qu'ils ont peur, s'écria-t-elle avec crânerie.

Un journaliste renommé pour sa promptitude à la réplique, lui répondit .

On veut bien être caressé par d'aussi douces mains, mais être battu, jamais !

M... n'aime qu'une fleur parmi les fleurs, c'est la rose. En tous temps et en toutes saisons il lui en faut. Elle se plaît à les effeuiller.

Les uns lui ont donné le nom de la *Dame aux roses*, d'autres l'appellent la *Fée aux roses*.

Auprès d'elle est une femme de chambre toute

dévouée. Jeune, leste, intelligente, ayant réponse à tout, elle a su prendre une grande influence sur sa maîtresse, et cette influence est bien légitime, car elle est acquise par un attachement sans bornes, et plus de dix ans d'un service exceptionnel.

Il ne fait pas bon être mal vu d'elle, et son flair est admirable pour juger les gens.

Je pourrais citer l'aventure d'un ministre qu'elle a éconduit de la façon la plus mordante et la plus spirituelle. Il s'était présenté en oubliant son éducation d'homme du monde ; elle le lui fit sentir d'une manière bien sanglante.

C'est une sorte de Figaro femelle. Elle en a tout l'esprit, mais elle a en plus un dévouement absolu pour sa maîtresse.

Le prince G... dit que comme femme de chambre, Elisa est un chef-d'œuvre, tandis que le marquis de T... l'appelle sa merveille.

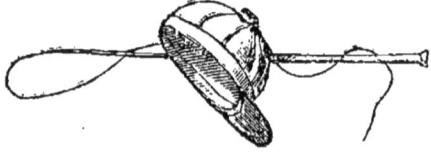

Un pareil attachement honore M. L. autant

que sa camériste. Il est si rare d'inspirer des sentiments semblables, surtout dans ce demi-monde où le Dieu argent semble seul en honneur.

C'est que M*** est une grande et noble nature.

Avec de l'or, on a les services de laquais mesurant leur dévouement sur les gages qu'ils reçoivent; avec de bons sentiments et une humeur toujours égale, on inspire les attachements dévoués.

BIOGRAPHIE

DES

ARTISTES

M. FERNANDO

DIRECTEUR

1

Son nom est Fernando Beert. Il est né à Courtray, en Belgique.

Son énergie et sa vivacité sont toutes françaises. C'est une sorte de petit coq gaulois, à l'œil alerte, audacieux, prêt à tout.

Son père exerçait la profession de boucher; il occupait quinze garçons et aurait bien voulu lui donner le goût de ce commerce. Mais tous ses efforts étaient inutiles.

Fernando avait vu passer une troupe de bateleurs. Leurs costumes pailletés, bien que fort misérables, l'avaient ébloui. Il avait la nostalgie des succès achetés en courant mille périls et des applaudissements de la foule.

Le cirque Gautier passa à Courtray. Fernando n'y tint plus. Il s'engagea pour trois ans dans la troupe. Il avait alors dix-sept ans.

On commença à lui faire panser les chevaux et à l'occuper comme factotum aux accessoires. Il avait à soigner chaque jour six poneys, trente singes, deux serpents, six autruches, deux cerfs et... *vingt-quatre paires de bottes.*

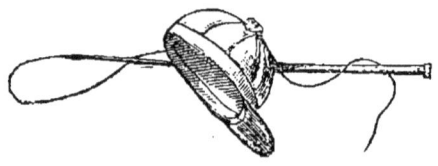

A Bruges, où la troupe s'était rendue, Marie de Seck entra comme élève dans la troupe. Elle devint plus tard madame Fernando.

Ses maîtres, au lieu de lui apprendre la voltige et la danse ou la haute-école, la voyant douce et pleine de bonne volonté, l'occupèrent aux travaux du ménage et aux soins de l'intérieur. C'était elle qui tenait le linge de la troupe. Le soir, elle était chargée du contrôle.

Ces habitudes lui apprirent de bonne heure le prix de l'ordre et de l'économie, avec lesquels elle est parvenue à amasser de quoi faire bâtir le cirque actuel.

A quelque chose malheur est bon.

De la Belgique le cirque vint en France et s'établit à Lyon pendant l'hiver si rigoureux de 1854.

Fernando ne voulait pas rester toujours à soigner ses serpents, ses autruches et ses paires de bottes de plus en plus nombreuses. Voyant que ses maîtres ne voulaient rien lui apprendre, il résolut de se former tout seul.

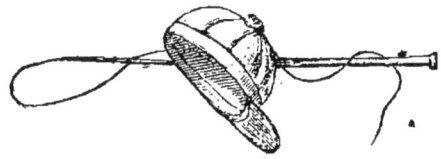

Il établissait une batoude auprès du tas de fumier, et là sautait tout seul avec courage et entrain toutes les fois qu'il avait un instant de répit.

D'un autre côté, le matin, à quatre heures, quand tout dormait, il sellait un cheval et se formait un travail spécial.

C'est de là qu'il a gardé l'habitude de ne pas faire conduire son cheval par le chef de manége, comme les autres écuyers le font toujours. Il le mène lui-même avec sa cravache, tout en exécutant ses exercices les plus difficiles.

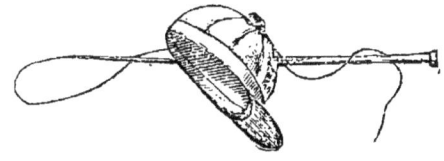

Il fallait avoir une bien grande volonté de parvenir, car le froid était d'une rigueur extrême, et l'intrépide apprenti n'avait pour s'en défendre qu'un pantalon ouvert à tous les vents et une petite blouse de toile. La plupart du temps il était obligé de vivre de pain sec arrosé d'eau glacée. Mais la volonté triomphe de tout.

Labor improbus omnia vincit.

Un jour il alla trouver son directeur et lui dit :

— Vous n'avez pas voulu me faire travailler; j'ai appris tout seul, voulez-vous voir?

Le directeur fut si émerveillé de son travail plein de hardiesse qu'il le fit débuter le soir même. C'est en effet une école à part.

Sa façon de se présenter au public et de sauter à cheval est si hardie ; il a si bien l'air de dire :

Me voilà et rien ne peut m'arrêter!

qu'on est tout de suite empoigné par ce diable d'homme.

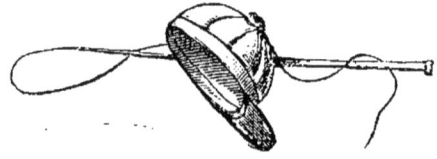

Voyant ses dispositions, M. Gautier le fit exercer. Quinze jours après, il faisait la perche, l'ascension de la boule, l'escamotage du clown et le singe du Brésil.

Quelque temps plus tard, il quitta la troupe pour aller tirer au sort. Sa petite taille l'exonéra du service militaire. En rentrant, il se maria avec Marie de Seck qui montait en haute-école, paraissait dans les manœuvres et dansait gracieusement.

Fernando a été victime de peu d'accidents, si l'on songe à la grande difficulté du travail qu'il a toujours fait. On peut les compter.

A Oldembourg, il se fracassa l'épaule en faisant le saut du petit cercle de 45 centimètres de diamètre. Il avait la clavicule cassée. Malgré cela, il eut le courage de remonter à cheval et de finir son travail. C'est une énergie indomptable.

Son deuxième accident lui arriva au grand cirque des Champs-Elysées. En essayant le saut périlleux à cheval, il tomba sur le cou et resta assez longtemps à se remettre.

Partout on l'admirait, partout on l'applaudissait avec frénésie, en Hollande, en Allemagne, en Angleterre et dans toutes les villes de France.

C'est alors qu'il fut engagé au cirque des Champs-Elysées. Il débuta en 1859; on comptait sur lui pour remplacer l'attrait de Léotard qui venait de partir pour aller étonner les populations de l'étranger par ses exercices hardis et si bien réglés.

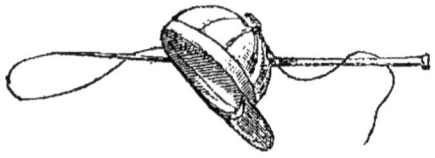

Pendant onze ans, jusqu'à la guerre de 1870, il eut un succès sans précédent. Il sautait un tonneau de 55 centimètres de diamètre. Ce résultat ne pouvait être obtenu que par sa méthode qui consiste à sauter dans les obstacles les pieds les premiers. Le tonneau est encore parmi les accessoires du grand cirque. Il y reste comme souvenir, car aucun écuyer n'a voulu tenter cet exercice aussi difficile que périlleux.

Les habitués du cirque lui avaient donné le surnom de *seul et unique en son genre.*

M. Dejean, le remarquable directeur de cette époque, avait pour lui une réelle affection.

Il y a là une coïncidence étrange. M. Dejean était un ancien boucher. Bien qu'il n'appartînt pas comme d'autres directeurs à une famille d'artistes, il a dirigé les deux cirques de Paris de façon à être regretté toujours, quoiqu'il arrive, et du public, et des artistes, et des actionnaires.

C'est le meilleur éloge que nous puissions faire de lui. L'ancien boucher vit, dans son château d'Issoux, en compagnie d'un lion privé. Cette société étrange est un héritage de Batty, le hardi dompteur. Une lionne ayant mis bas au cirque d'été, le directeur garda et éleva ce lionceau, qui lui sert de chien respectable et respecté.

M. Fernando est lui aussi un fils de boucher.

Espérons que, comme à M. Dejean, la fortune lui sera favorable.

Savez-vous à quoi est due en partie cette grande énergie et cette légèreté qu'on ne peut comparer qu'à l'aisance gracieuse d'un oiseau?

Madame Fernando m'en a dévoilé le secret.

C'est que, toutes les fois qu'elle le pouvait, elle faisait manger à son mari *un plat de rossignols*.

C'est un mets fort rare et que bien des gens se feraient scrupule de manger. Il n'en est pas moins exquis. Du reste, les gourmets romains, qui jetaient leurs esclaves en pâture aux lamproies destinées à leur table, pour les savourer plus grasses, s'étaient donné le luxe de manger des langues de rossignols. Que de temps devaient passer les chasseurs pour arriver à fournir un plat semblable, sur une table de nombreux convives!

Le rossignol une fois plumé n'a presque pas de chair; il est maigre comme une cigale ayant abusé du chant. Si l'on voulait le manger sans préparation et à l'état de nature, ce serait à peu près un repas de petits os. Mais on arrive à l'engraisser de façon à s'en faire un mets exquis. Lorsqu'il est venu à point, il a la chair blanche, grasse, tendre et plus agréable au goût que celle de l'ortolan.

Pour pouvoir l'engraisser, il faut d'abord le prendre. On le fait aisément.

Le péché mignon du rossignol, c'est son extrême gourmandise pour les vers de farine. On n'a qu'à en mettre à sa portée sur un bâton enduit de glu dans un des bois habités par lui, et l'on est assuré de faire prise.

Le meilleur moment pour faire bonne chasse, c'est du lever du soleil à dix heures du matin. Le charmant ténor est mis en appétit par ses chants désordonnés de la nuit. Son estomac a besoin de se refaire. Il veut prendre de nouvelles forces, puis dormir tout le jour pour recommencer ensuite sa sérénade nocturne.

Il y a trois sortes de rossignols : 1° les rossignols de montagne, ce sont les plus petits ; ils sont ténors séduisants, comme fut le brillant et sympathique Roger ; 2° les rossignols de plaine, de moyenne grandeur ; ils ont des propensions à tourner au baryton ; c'est le genre Faure ; 3° les rossignols d'eau, qui se tiennent le long des rivières ; ils sont plus gros, plus robustes ; ils tournent à la silhouette Villaret.

Malgré tout, les plus gros sont plus petits qu'un moineau. On se demande avec compassion combien le Suisse du maréchal de Villars en aurait absorbés, lui qui n'avait pas peur d'engloutir un jeune veau tout entier.

C'est un mets délicat, il n'y a pas à en douter ; mais outre la difficulté de se le procurer, n'y a-t-il pas un sentiment de tendre pitié que tout amateur de musique devrait ressentir ? Le rossignol n'est-il pas le musicien par excellence ?

Il a pourtant ses ennemis. Pétrarque nous raconte l'étrange bizarrerie d'un homme qui se levait la nuit pour chasser à coups de pierres et de bâton les rossignols dont le chant lui déplaisait si fort que, pour les éloigner plus sûrement de sa maison, il fit couper tous les arbres avoisinants. Cet homme aimait au contraire passionnément le coassement des grenouilles. La nature a ses caprices.

Mon ami et mon collaborateur, Paul Mahalin, ce rêveur charmant, ce faiseur de mots à outrance, qui jette à tous les vents les perles de son esprit plein de verve, avec autant d'aisance et de prodigalité qu'un gentilhomme d'autrefois jetait sa bravoure et son sang en toute occasion : Mahalin, ce romancier de vrai talent et cet écrivain de vrai style, auquel il ne manque pour se classer au niveau des premiers maîtres, qu'un peu de chance ou peut-être un peu de travail plus régulier, raconte dans une de ses gazettes de l'*Èclipse*, toujours si piquantes, qu'un bohême, auquel on demandait s'il avait bien dormi à la campagne, répondit sans sourciller :

Ma foi non, il y avait un rossignol qui n'a fait que gueuler toute la nuit !

Nous avons connu un oncle à héritage qui a déshérité son neveu à cause de son goût pour la musique. Il disait souvent : *Je ne connais qu'une bonne musique, c'est celle du tourne-broche.* Je vous laisse à penser s'il se privait de manger des rossignols.

Nous savons qu'un ténor du midi adorait ce mets suave. Le cas était d'autant moins pardonnable qu'après avoir fini, il ne manquait jamais de se lever en chantant :

Oui, c'est le rossignol, ce n'est pas l'alouette!

Il est vrai que pour quelques chanteurs, c'est le seul moyen de pouvoir dire qu'ils ont eu un rossignol dans le gosier.

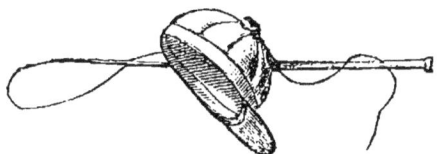

Si vous voulez goûter à ce régal, vous pouvez en demander à certains jours à la taverne de Londres, place de l'Opéra-Comique, chez Edouard et Félix.

Le chef de la maison est du reste un fantaisiste ; n'a-t-il pas inventé *l'entre-côte à la Déjazet*, cette fauvette éternelle.

Mme FERNANDO

II

Madame Fernando est bonne pour tous ses artistes. Quand ils s'exercent ou quand ils travaillent, elle a toujours peur qu'ils ne se blessent. Quand ils ont commis une infraction au réglement, c'est elle qu'ils viennent trouver pour fléchir M. Fernando père.

Cette femme, si sérieuse le jour et ne songeant qu'à ses comptes et à ses affaires de direction, devient avenante et douce à tous, lorsque le soir elle prend place au contrôle. Elle est même d'une gaieté juvénile et sympathique, ce sont ses moments de récréation. L'esprit ne peut toujours être tendu et a besoin de repos.

De temps en temps, Madame Fernando donne quelques gratifications aux artistes dont elle est contente. C'est un encouragement des plus habiles.

Il y a quelques mois, elle fit tuer un des artistes de la troupe. Cet artiste était le compagnon de saint Antoine qu'on avait acheté et dressé pour la pantomine représentant la tentation du bon saint, et qui était devenu gras et dodu. Elle invita tout le personnel de la troupe à faire des funérailles gastronomiques à leur ancien compagnon de pantomine.

Les loups, dit-on, ne se mangent pas entre eux. Dans cette occasion les artistes ont imité l'exemple des gens de lettre qui ne cherchent le plus souvent qu'à s'entre dévorer.

Le succès n'a pas grisé la famille Fernando. Elle habite encore dans deux caravanes ou voitures-chambres et ne les quittera que pour prendre possession du charmant logement qu'on a ménagé pour elle dans le cirque en pierre.

LOUIS FERNANDO

ÉCUYER

III

C'est un beau jeune homme de vingt-quatre ans. Il est né à Bruges, en 1851 ; s'il est resté fils unique, c'est parce que madame Fernando, bien qu'elle dût être habituée aux hardiesses équestres de son mari, n'était pas moins très-sensible aux périls qu'il courait chaque soir. L'émotion qu'elle ressentait a mis à néant nombreuse compagnie qu'aurai eue ce fils unique.

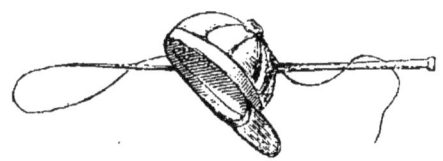

Louis ne voulait pas être écuyer. Mais le père Fernando veut bien ce qu'il veut et il l'obligea à s'exercer. C'est alors que de nouveau, madame

Fernando eut recours à son plat de rossignols. C'est un remède souverain aussi bien pour les fils que pour les pères. Au bout de quelques festins de cet excitant énergique, Louis Fernando avait pris goût aux sauts les plus périlleux.

Tout en le faisant travailler sévèrement pour son métier, ses parents soignèrent beaucoup son instruction.

On pourrait citer plus d'un écuyer qui s'est créé une éducation parfaite et peut se présenter partout par suite de la fréquentation des gens du monde ; mais Louis Fernando est un des seuls qui soient en même temps instruits et bien élevés.

Chaque jour après s'être occupé des chevaux en dressage, c'est lui qui fait les comptes de recettes de la veille, qui met en ordre toutes les écritures, qui rédige les affiches à faire, et qui s'occupe des lettres à écrire et des réponses à envoyer.

On reconnait en lui le digne fils de madame Fernando, la femme rangée par excellence.

C'est un ancien élève du Cirque des Champs-Elysées. On a pu le voir parmi les petits chinois voltigeant ou faisant ces premiers exercices destinés à donner aux enfants l'habitude de se présenter en public.

Louis débuta en faisant le même travail que son père. Mais en 1865, il éprouva un terrible accident au Cirque d'Hiver. Le cheval en carrière ayant galopé à faux, il tomba d'une façon si malheureuse qu'il se cassa la jambe et le bras.

Ces deux fractures étaient fort graves. Le médecin attaché au cirque, avait déclaré que jamais plus il ne pourrait travailler debout à cheval.

M. Beaucher, le grand maître déjà avancé en âge, s'était promis de ne plus s'occuper de former aucun élève. Mais il aimait beaucoup Fernando père, et de plus il avait remarqué Louis Fernando parmi cette pléiade de jeunes gens qui a donné au Cirque des Champs-Elysées, Montero fils, le pauvre petit Lehman qui se tua si malheureusement en 1873, Tony Pfau, etc.

Le roi incontesté de la haute-école et du dressage des chevaux voulut faire de Louis Fernando son dernier élève.

Ces bonnes dispositions d'un prince de l'art ont rendu grand service à Louis. Il a été initié aux secrets de l'équitation et à la manière de se faire obéir des chevaux les plus rebelles.

Mais heureusement pour lui, les arrêts des médecins sont souvent révocables. Malgré cette décision effrayante, le jeune homme reprit son travail habituel.

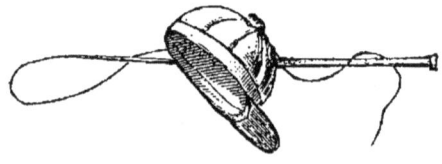

temps en temps, pour ne pas le surmener, ui faisait mimer les scènes à cheval ou con-
) oste à neuf chevaux.

Aujourd'hui il fait les deux hercules avec son père et le pas de deux avec Mlle Marthe.

Dans le travail des deux hercules, le père et le fils sont inimitables.

Dans le pas de deux, M. et Mme Bradbury, deux des artistes du Cirque des Champs-Elysées qui appartiennent à la grande école, sont si gracieux et ont si bien atteint la perfection qu'il était presque téméraire de vouloir aborder ce genre de travail en plein Paris.

Louis Fernando a réussi malgré tout à soulever des applaudissements frénétiques.

Il faut dire que les muscles de ses bras sont comme un cric animé. Il se tire en jouant et sans préparation des exercices les plus surprenants de force auxquels se livrent d'ordinaire les athlètes américains les plus en renom.

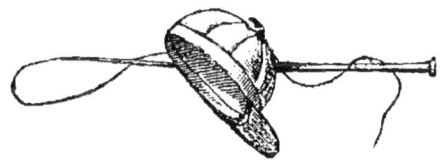

Louis présentera dans le nouveau Cirque, des chevaux dressés en liberté comme on n'en a pas vu jusqu'à ce jour. Mais ce travail sera pour nous l'objet d'une notice spéciale.

7.

MISS JENNY VISSER

ÉCUYÈRE AMERICAINE

IV

Elle est née en Belgique comme M. Fernando. Son père est un peintre de talent et lui a donné une éducation des plus complètes. Ses manières sont charmantes et sa façon de s'exprimer, toujours pleine de finesse, de tact et de distinction. Sa tenue à la ville est parfaite.

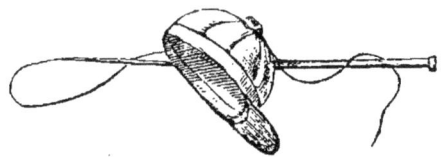

Elle monte en haute-école avec une maestria digne des Caroline Loyo et des Constance Chiarini. Son talent hippique a pris naissance à cette grande école américaine qui demande à ses élèves une correction si parfaite dans tous leurs exercices. Mais ses vrais succès ne datent que du moment où M. de Corby lui a donné les dernières leçons et lui a fait prendre en selle cette pose souple, gracieuse et sûre qu'elle possède aujourd'hui.

Elle a fait fureur au Cirque Holbrun à Londres, puis en Belgique et en Allemagne.

On n'en sera pas étonné lorsqu'on l'aura vue exécuter son travail du *tandem*, au début du nouveau Cirque.

Cet exercice consiste à présenter deux chevaux, l'un devant l'autre. On est en selle sur l'un et l'on conduit l'autre avec de longues rênes. Il n'a pas été fait à Paris depuis le vieux Franconi, qui présentait ainsi à l'Hippodrome une belle jument normande et un cheval arabe.

Miss Jenny porte un costume de page qui lui sied à ravir, parce qu'il fait valoir ses formes riches et harmonieuses. Elle monte *Greagle*, un cheval gris de beaucoup de sang, qui semble fier de la porter et heureux de lui obéir. Schamyl, un cheval hongrois, marqué de feu et plein d'énergie, bondit en avant.

Les deux chevaux, sous l'habile main qui les conduit, semblent animés d'une seule et même pensée. Ils exécutent tous les exercices de haute école qu'on peut faire faire à un cheval seul. Ils valsent ensemble, font des poses plastiques, etc.

De plus, ils passent tous les deux à travers des barrières. Ce passage est d'autant plus difficile que les barrières, au lieu d'être tenues par les artistes ou les clowns de la troupe, sont simplement fixées sur de petits supports, et que, pour ne pas les renverser, il faut arriver à une complète régularité d'allures chez les deux chevaux.

Au talent de l'artiste, Miss Jenny joint le charme

de la femme. Sa physionomie un peu froide et glaciale d'ordinaire, s'anime en présence de la difficulté à vaincre. Elle est alors pleine de séduction.

Quant à son corps il est digne de faire le rêve des peintres et des sculpteurs dans leurs nuits de visions divines. C'est comme un marbre fin qu'aurait voulu signer Phidias ou Praxitèle, mais ce chef-d'œuvre est vivant. Il est en chair rose et nacrée.

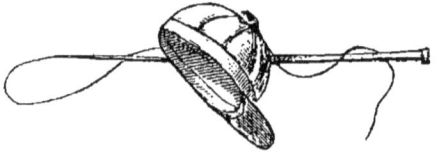

Elle a reçu dans sa carrière semée de roses et de succès, des avalanches de lettres passionnées. La plupart du temps ces lettres ne sont pas même lues. Un seul petit sixain a trouvé grâce devant elle, parce qu'elle a senti combien le poète était épris et joignait le respect à l'amour.

Le voici :

Laissez tomber sur moi votre regard de reine
Et, comme les rayons de l'aube sur la plaine
Ont bientôt répandu la lumière et le jour,
Fière amazone, ainsi votre énivrant sourire
Inspirera les chants que bégaye ma lyre
Et je vous devrai tout : le succès et l'amour !

LE VICOMTE DE CORBY

ÉCUYER DE HAUTE ÉCOLE

V

Ses titres de noblesse sont authentiques. Les papiers les établissant furent brûlés dans l'incendie de l'Hippodrome. On peut se rappeler qu'à cette époque la presse entière parla de cet incident.

C'est un élève d'Auguste Danfeld, le maître aussi habile que sévère.

Il est resté très-longtemps à l'Hippodrome. M. Arnaud, le sympathique directeur, avait pour lui une grande affection.

Il partageait ses préférences entre sa partie de whist à faire chaque soir au cercle de la Maison d'Or, avec Méry, le grand poëte, et sa visite de chaque matin à Corby et à ses chevaux.

C'est Corby qui avait dressé le fameux cheval, appelé Sidi-larabi, que la gentille Adèle montait sans bride.

Il a sauté à cheval le *Pont-du-Diable*.

C'était une banquette irlandaise gigantesque. En redescendant du tertre, il fallait faire sauter à son cheval huit pieds en contre-bas. Une demi-douzaine d'écuyers s'y sont tués.

Corby montait Méphistophélès, le sauteur émerite.

Aux Pyrénées, il a accompli deux traits de grande audace hippique.

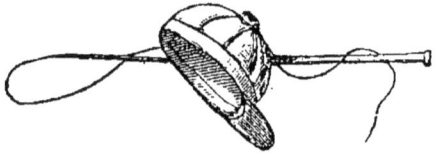

En allant de Cauterets à Saint-Sauveur, par le sentier de la reine Hortense, il y a un passage en redescendant la montagne du côté de Saint-Sauveur, où les plus hardis mettent pied à terre.

Il faut que le cheval saute d'un rocher à l'autre.

M. de Corby franchit sans hésiter ce pas aussi difficile que périlleux.

Quelques jours plus tard, une nombreuse cavalcade visitait la cascade de Gavarni.

On était allé jusqu'à la brèche de Roland, et presque tous étaient mis en goût d'aventures.

Une américaine, à moitié folle de témérité et de hardiesse, mais belle comme une nuit d'Orient, lança son cheval au galop en descendant au milieu des blocs de pierre qu'il fallait franchir sans trêve ni repos jusqu'à la naissance de la vallée.

Elle s'était écriée coquettement :

Qui m'aime, me suive!

Le clan de ses adorateurs nombreux se récusa en disant :

On vous aime beaucoup, mais on ne vous suit pas !

M. De Corby seul osa risquer sa vie.

Le cheval de l'amazone s'abattit au bout d'un instant de cette course folle.

L'écuyer sauta à terre et la prit dans ses bras, à moitié évanouie.

C'était un doux et moëlleux fardeau.

On dit qu'il eut une heureuse récompense de sa hardiesse. La dame était belle à faire damner tous les saints du paradis, et elle se prit à l'aimer.

MEDRANO

PREMIER CLOWN

VI

Son origine est espagnole.

Son maître fut Balaguer, le trapézien et le sauteur sans rival, dont les tribunaux se sont occupés dernièrement pour l'application de la loi sur les exercices périlleux.

L'école était bonne; l'élève sut en profiter. Aucun des secrets du métier ne lui demeura inconnu.

Tour à tour gymnaste et danseur, il eut de grands succès au Caire, en Allemagne, en Russie en Belgique et en Angleterre.

Au mois de février 1872, il était à Manchester au « Prince's Théâtre ».

Mademoiselle Rita Sangalli, l'éminente danseuse de notre Grand-Opéra, s'y trouvait alors engagée pour paraître dans un ballet d'amazones composé par elle.

La grande artiste remarqua la façon dont Medrano se présentait à la scène, vit qu'il unissait la grâce à la force et le choisit pour son danseur. Il la faisait du reste admirablement valoir en l'enlevant comme une plume et la portant d'un bout du théâtre à l'autre sur ses bras nerveux.

En 1873, Medrano fut engagé au cirque des Champs-Elysées avec Salonne.

Je veux ici rapporter quelques réflexions écrites alors par M. de Biéville, dans son feuilleton théâtral du journal *Le Siècle*.

« Le Cirque des Champs-Elysées a fait débuter

deux nouveaux gymnastes, MM. Salonne et Medrano, deux intrépides qui voltigent dans l'espace et se servent mutuellement de trapèze. Parmi leurs tours, ce qui m'a semblé le plus fort, c'est de se lancer d'une machine placée à une grande hauteur vers une corde verticale, grosse comme le doigt, accrochée à une distance de trois mètres environ. Le moindre trouble dans la vue ou le plus petit écart dans le saut ferait manquer la corde et précipiterait le malheureux d'une hauteur de quinze mètres. »

En quittant le Cirque des Champs-Elysées, Medrano résolut d'aborder le métier de clown. Il vint se présenter à M. Fernando qui l'engagea pour remplir cet emploi.

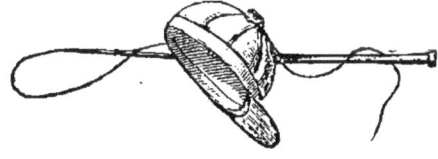

Au boulevard Rochechouart, il a su se faire aimer du public qui l'a surnommé le petit *boum-boum*.

Sa gaieté est sympathique et ses lazzis ne manquent pas d'entrain. Quant à ses cabrioles, elles sont toujours vives et correctes. On y reconnaît la bonne école.

Lorsqu'il a épuisé le répertoire de tous les tours de force et d'agilité, il s'adonne aux tours d'esprit. Il fait des quatrains aux dames, ni plus ni moins.

En voici un assez gracieux :

Belles comme des fleurs nouvellement écloses
Qu'un souffle du printemps a fait épanouir,
Vous êtes devant moi, toutes comme des roses,
    Que ne puis-je cueillir !

Voyez-vous çà, l'effronté ! Monsieur voudrait cueillir. Comment voulez-vous qu'il ne devienne pas la coqueluche de ce sexe illustre par ses faiblesses qui habite les environs du Cirque de la rue des Martyrs.

VALLIER

PREMIER MIME

VII

C'était un fils de clown très-remarqué et très-célèbre en son temps. Par cette raison, il a commencé à travailler dans les Cirques dès son enfance.

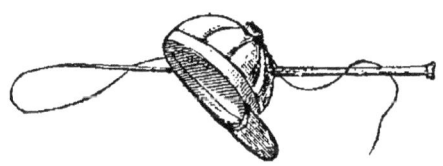

Sauteur sans rival et gymnaste émérite, il travaillait aussi à terre sur le tapis et faisait tous les exercices à deux ou à trois qu'on pouvait imaginer·

C'était le vrai clown français. Il avait la physionomie hardie et énergique, la silhouette élégante Sa taille était svelte et élancée, sa figure franche et avenante. Il eût été dommage de grimer tout cela. Pourquoi mettre un masque à ce qu'on n'a pas d'intérêt à cacher?

Il faisait le double saut périlleux et retombait toujours correctement sur ses pieds. Il a même fait le triple saut périlleux, et ce prodige n'a jamais été accompli que par lui.

Aujourd'hui Vallier doit se borner à paraître dans les pantomimes où il joue les premiers rôles avec un entier succès. Les nombreux accidents, qu'il a éprouvés dans sa carrière périlleuse entre toutes, en sont la cause. Mais il rend de grands services au Cirque, et une troupe qui compte des hommes de cette valeur parmi ses *utilités* est forcément une bonne troupe.

On sait que le premier Cirque du monde est à

Berlin, chez Renz. Vallier y est resté pendant dix ans. Renz, très-peu susceptible d'attachement, le regardait comme un enfant de la maison.

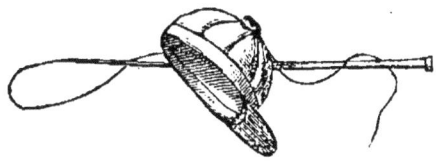

C'est là qu'il fut victime, dans la même soirée, de deux chutes épouvantables, en faisant la fourche à trente-cinq pieds de hauteur.

La première fois, il tomba sur ses pieds et eut la présence d'esprit de courir au-devant de la perche soutenant la fourche et de la saisir. Sans cela elle serait tombée sur le public et aurait occasionné de nombreuses blessures.

Vallier remonta pour retomber malheureusement sur le côté droit. On dut le ramasser.

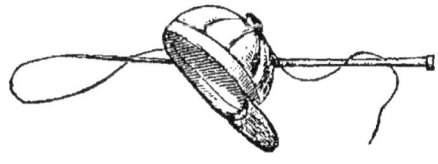

Une autre fois au moment où il était au sommet d'une pyramide de chaises supportées par une table, la table cassa. Il s'était presque brisé les reins.

C'était un grand courage et une grande initiative, comme tous les artistes d'origine française.

Rien d'étonnant qu'ils durent moins que d'autres. Ils y vont toujours de tout cœur et ne se ménagent jamais.

Le monde entier lui donna ses bravos. Il alla se faire applaudir en Egypte, en Turquie, en Amérique et dans toute l'Europe.

Plus sage que beaucoup d'autres, Vallier a su économiser sur les gros appointements qu'il a longtemps obtenus, de quoi s'assurer une modeste aisance.

C'est un modèle à citer.

GILLARDONI

MIME & METTEUR EN SCÈNE POUR LES PANTOMIMES

VIII

Baptiste Gillardoni est né en Lombardie.

Comme à tous les Italiens, il lui a été facile de contenter son goût et de développer ses aptitudes pour les exercices du corps. Les troupes d'acrobates sont si nombreuses dans ce pays classique des petits théâtres et des Cirques ambulants.

Son premier maître fut Napoli, le frère du fameux athlète qui s'est montré dernièrement à

Paris au Concert de l'Harmonie et a soulevé l'enthousiasme des ouvriers des faubourgs comme celui des gandins venus là exprès pour admirer tant de force. Peut-être les derniers trouvaient-ils plaisant ce contraste avec leur faiblesse.

C'est à Vienne que Gillardoni eut son premier grand succès. Il faisait le double trapèze et l'échelle horizontale.

De là il alla en Russie faire le même travail avec le Cirque Hittemans.

Il débuta en 1868, à Pesth, au Cirque Céniselli. Palmer s'y trouvait alors et était dans son époque de grand triomphe pour son pas de deux à cheval.

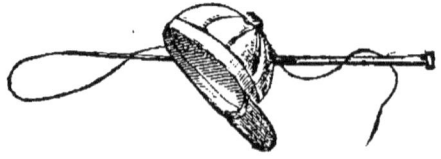

Partout où Gillardoni a passé, le succès ne lui a jamais fait défaut. Sa hardiesse était grande et le courage ne lui manquait pas un seul instant.

Il en a été victime plusieurs fois. Il s'est cassé le nez à deux reprises en tombant de haut, mais a eu la chance de pas être défiguré.

En 1870, Baptiste vint en France et débuta au Cirque Plège avec un jeune homme de mérite, le belge Horward. Ils faisaient le double trapèze, la double échelle, et les doubles cordes romaines.

Ce dernier exercice est excessivement dur. Gillardoni le fait encore au Cirque Fernando.

Il est très-utile comme mime dans les pantomimes. C'est l'école italienne dans toute sa pureté.

C'est lui qui met en scène une grande partie des pantomimes jouées par la troupe. Sa bonne volonté ne se dément jamais, et c'est une bonne fortune pour un directeur que d'avoir un artiste semblable.

Il s'occupe le jour comme le soir.

CLOTILDE BERTOLETTI

ÉCUYÈRE & DANSEUSE DE CORDE

IX

C'est une robuste jeune fille élevée sévèrement dans les meilleurs principes de l'art.

Son père est Bertoletti, dont nous avons parlé plus haut.

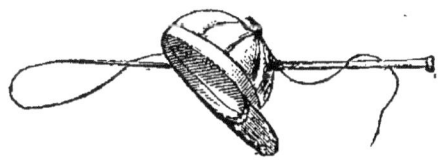

Sa mère était une écuyère espagnole, pleine de grâce et de hardiesse. Quand elle se présentait au public, à la vue de ses pieds finement cambrés, de ses mains d'enfant et de ses hanches andalouses, on se prenait à rêver d'une comtesse sévillane ayant fait sauter sa couronne par-dessus les châteaux armoriés.

Clotilde a hérité de son teint mat et blanc sans pareil. Bien qu'elle soit très-brune, ses bras et ses épaules semblent moulés dans un bloc d'albâtre.

Elle travaille très-correctement à cheval et danse sur la corde; mais son travail le plus remarquable, c'est l'exercice du fil de fer.

Debout sur un fil imperceptible, et se tenant sur un seul pied, elle jongle comme si elle était à terre, ramasse des mouchoirs, etc. Puis elle se balance follement, toujours sur un pied, avant de sauter au milieu de la piste.

Ce balancement est fort gracieux. Mais je ne saurais conseiller ce genre de hamac aux nonchalantes créoles des climats sans nuages.

Elles seraient loin de le trouver doux.

Clotilde est fort aimée du public du boulevard Rochechouart. Sa physionomie est sympathique.

C'est une beauté toujours souriante.

On dit qu'elle y a excité nombre de passions. Ce doit être vrai, si l'on peut en juger par ces strophes négligemment oubliées dans sa loge :

Oui tu seras à moi, ma fougueuse Espagnole.
Nous aimerons bientôt du soir jusqu'au matin,
Je serai ton seigneur et tu seras ma folle,
  Ma reine à l'œil lutin !

Oui tu seras à moi quand je devrais attendre
Un an le seul plaisir que j'espère ici-bas,
Quand je devrais passer une nuit de décembre
  Mourant sur le verglas ;

Quand il faudrait user ma force et ma jeunesse,
Quand il faudrait ramper à tes pieds en tout lieu
Et briser mes genoux à t'implorer sans cesse,
  Comme un maudit son Dieu !

N. B. — Ne pas oublier que nous sommes rue des Martyrs.

LA FAMILLE AGUIMOFF

X

L'on parle souvent des mœurs affreuses des saltimbanques, et quelques moralistes en chambre lancent sur eux des anathèmes pudibonds.

S'ils se donnaient la peine d'observer, ils verraient combien peu ils sont dans le vrai.

La famille dont nous allons parler est exemplaire sous tous les rapports.

Le père est né à Athènes ; il parle cinq langues. La mère est Hongroise. Tous deux travaillaient à cheval.

Ils ont trois grands garçons, engagés tous les trois au cirque Fernando.

La mère ne voulut confier à personne le soin de les allaiter; elle les a nourris, tout en courant le monde à la suite des troupes nomades, où elle était gagiste.

Combien j'en connais qui sont mieux en position de remplir ce devoir sacré et qui l'oublient, sacrifiant ainsi bien souvent la santé de leurs enfants pour ne pas prendre de peine ou pour ne pas faner leur sein !

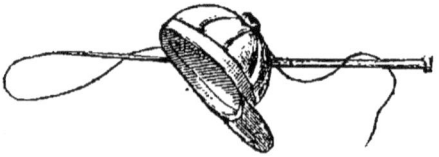

Et pourtant, si l'on y réfléchit, les conséquences de cet oubli peuvent être terribles. Car le lait, c'est le sang, et en donnant le lait d'une autre femme à son enfant, on introduit du sang étranger dans sa famille,

Ce sang peut être vicié et donner des maladies. Il peut être vicieux et donner de mauvais instincts.

La mère aime toujours moins les enfants qu'elle n'a pas nourris elle-même; ils sont moins siens.

De là souvent des préférences inexplicables dans les familles.

L'affection des enfants pour la mère qui leur a donné son sein est bien faite pour la dédommager de sa peine. Les fils Aguimoff en sont un exemple frappant.

Ils jouent sans cesse avec leur mère comme avec une sœur, et respectent ses moindres volontés comme ses moindres désirs, par affection encore plus que par crainte.

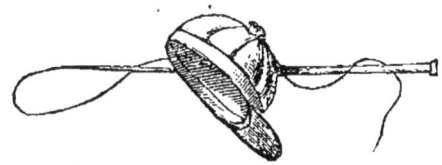

Un regain de jeunesse chez leurs parents leur a donné un jeune frère tardif. La mère le nourrit aussi; il a onze mois. Tous l'ont bien accueilli. Ils ne se disputent jamais que pour avoir le plaisir de le bercer.

C'est pour tous un vrai Benjamin.

William Aguimoff, le fils aîné, travaille sans selle, à cheval. Il est bon clown et sauteur remarquable. Il franchit quinze chaises mises à la file l'une de l'autre, et fait le double saut périlleux.

Son goût le porte surtout vers la gymnastique il y excellera.

Théodore Aguimoff, le second, fait le même travail que Montero au cirque des Champs-Elysées, c'est-à-dire les sauts périlleux à cheval.

Alexandre, le troisième, travaille au trot à cheval. C'est le genre de travail que faisait le pauvre petit Lehman, aux Champs-Elysées. Mais de plus, Alexandre fait des pirouettes doubles en sautant les obstacles.

Tous trois sont hardis pour affronter les exercices les plus périlleux, et leur douceur est charmante à la moindre observation de leurs parents, qui n'ont jamais eu de reproches graves à leur faire.

Bourgeois enrichis qui criez à l'immoralité des saltimbanques, avouez qu'on pourrait prendre modèle sur cette famille de baladins, comme un petit nombre d'entre vous les appelle parfois du haut d'une fortune acquise peut-être en les exploitant.

PHILIPPE BERTOLETTI

ÉCUYER & PREMIER MIME

XI

J'ai déjà parlé de l'italien Bertoletti et je passerai rapidement sur ce sujet.

On peut dire de lui que c'est un maître, car rien ne lui est inconnu dans son métier.

Tour à tour clown et écuyer, le succès l'a suivi partout. Aujourd'hui il se borne à mimer les scènes à cheval et à jouer les premiers rôles dans les pantomimes. Mais il le fait avec un art infini.

Ses soins se sont reportés en entier sur la plus jeune de ses filles, une charmante enfant de huit ans, qui fera une grande artiste.

C'est à la gymnastique que Blanche Bertoletti est destinée. Elle y excellera. Déjà, les résultats obtenus sont merveilleux.

Cette petite trapézienne miniature arrive aux équilibres les plus étonnants sur son trapèze, en se tenant sur une seule jambe. Elle joue ainsi avec un cercle avec autant d'aisance que si elle était à terre.

Puis la mignonne aérienne se balance à toute volée, toujours sur un seul pied. Elle termine en se balançant follement, bien qu'elle tienne une de ses jambes à la main, comme le fait Louis Fernando dans son grand travail à cheval où les applaudissements lui venaient toujours avec tant de furie.

Tant d'aisance, de grâce, de sûreté de coup-d'œil nous font rêver, mais tout cela est accompli avec une facilité si visible qu'aucune crainte ne vous vient.

Il n'y a du reste aucune espèce de danger à craindre pour l'enfant et cela pour deux raisons : la première c'est qu'elle est entièrement sûre de son travail et qu'elle ne fait jamais aucune faute : la seconde c'est qu'un filet grand et solide la garantit contre tout accident.

Blanche est fort jolie et sera plus tard séduisante comme sa mère.

Je présage un très-grand succès à cette jeune artiste, lorsqu'elle paraîtra en public au cirque Fernando qui doit en avoir la primeur. Son père est en instance auprès de l'administration supérieure pour avoir l'autorisation de la faire débuter.

Si, comme moi, on l'avait vue à l'exercice, l'autorisation serait accordée sans délai, car le danger est nul et je dois ajouter que si le moindre doute existait à ce sujet dans l'esprit de son père ou de sa mère, l'enfant ne continuerait pas à exercer.

Blanche est bien trop aimée pour qu'on veuille l'exposer au moindre péril.

LA FAMILLE CHIARINI

XII

Les Chiarini forment une pléiade de clowns, de mimes, d'écuyers, de danseurs. Ils sont originaires de Venise la belle. On trouve sur leur physionomie comme un reflet artistique. Leur allure est pleine de finesse et d'audace. De génération en génération c'est une famille d'artistes.

Le père des Chiarini, les deux clowns récemment applaudis aux Folies-Bergères, était un mime incomparable et un danseur de corde sans rival. C'est lui seul qui pouvait remplacer avec avantage, au Théâtre des Funambules, le célèbre Debureau, le Pierrot tant goûté des dilettante de l'époque.

Vincent Chiarini, le chef de la famille dont nous avons à parler ici, est, lui aussi, un très-bon mime.

Il a le geste sobre de l'école italienne. Ses bras ne sont jamais levés trop haut. Il laisse deviner la pensée et ne la force pas.

Chiarini avait épousé une charmante danseuse de la Fenice, le grand théâtre Vénitien.

Il n'est donc pas étonnant que leurs enfants naissent avec des dispositions tellement naturelles qu'ils se forment presque tous seuls aux exercices les plus difficiles.

Leur agilité, leur souplesse, leur énergie sont telles qu'on les dirait montés sur des fils électriques. C'est à croire qu'une fée a présidé à leur naissance et leur a fait toucher quelque pile de volta mystérieuse ou enchantée.

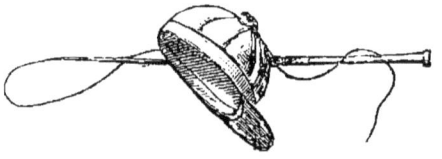

Le père les commence tous sur la corde; c'est la meilleure de toutes les écoles. Puis on les met à cheval, et ils réussissent sans retard, parce que l'équilibre est déjà acquis.

C'est ainsi qu'il a formé l'aînée de ses filles, Constance Chiarini, cette étoile trop vite éclipsée, qu'on a tant applaudie et tant admirée aux Champs-Elysées.

Il n'était pas possible de voir un travail plus sûr

ni plus fini. Même au moment de ses doubles pirouettes ou de ses sauts les plus périlleux, son aisance était telle qu'elle semblait une vision divine emportée dans un tourbillon de gaze et de roses diamantées.

C'était la perfection réalisée.

Les dilettante des cirques ont vivement regretté le départ de cette écuyère accomplie. Mais, qu'ils se consolent, il ne me paraît pas possible que cette étoile reste toujours éloignée de son art. Son éclipse ne peut durer longtemps. Elle a eu trop de succès et elle est trop jeune pour les oublier.

Si sa rentrée a lieu, c'est au cirque Fernando qu'elle voudra faire ses nouveaux débuts.

Felix, l'aîné des fils de Chiarini, bien que fort jeune, a déjà tous les talents.

C'est un danseur de corde presque inimitable. A terre, il est bon clown et fait le double saut périlleux très-correctement. A cheval il fait des sauts périlleux en avant aussi bien qu'en arrière, ce que je n'ai vu faire que par lui.

Puis vient le cortége des petites filles en tête duquel se trouve Marie Charini.

C'est une écuyère-poupée qui a déjà la hardiesse d'une grande artiste. Elle fait des doubles pirouettes à cheval tout comme un homme.

Une miniature de quatre ans commence à paraître dans les pantomimes et le père Chiarini a trouvé une danse de nègres, où il fait paraître tout son petit bataillon. C'est un succès de fou rire.

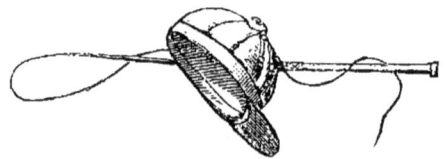

Vincent Chiarini est plein de finesse. Il a beaucoup voyagé et se plait à conter des anecdotes, tout en savourant sa prise de tabac. Il y en a d'assez drôles. En voici une entre mille.

FIDÉLITÉ D'UN... DESCENDANT DU COMPAGNON DE SAINT-ANTOINE.

Un vieillard d'un comté des États-Unis avait eu la fantaisie d'apprivoiser complétement un jeune porc. Il ne s'en séparait jamais, et leur vie était tellement unie qu'ils en étaient arrivés à se comprendre non pas à demi-mot, mais à demi-grognement.

Le vieillard mourut ; le porc suivit son convoi funéraire, mêlé aux amis bipèdes du défunt. Comme un ami respectueux, notre héros garda une douleur muette jusqu'au cimetière ; mais au moment de se séparer pour toujours de celui qu'il aimait, cette douleur, trop longtemps contenue, ne connut plus de bornes. Il se précipita dans la fosse entr'ouverte en poussant des cris à briser, sinon l'âme, du moins le tympan de l'assistance.

Il fallut le remonter avec des cordes, le fossoyeur chargé de les amarrer courut de grands dangers. En récompense de sa belle conduite, on lui confia la mission de veiller à la porte du cimetière, où l'inconsolable s'entêtait à venir grogner, sinon gémir. Les cris allaient au loin et troublaient le sommeil de tous. Une supplique au tribunal de paix du comté fut couverte de signatures pour faire mettre les héritiers en demeure de débarrasser le pays de ces regrets tellement bruyants qu'ils tendaient à prendre l'allure d'un malheur public.

Les héritiers, pour toute réponse, sont allés trouver un charcutier pour lui vendre l'animal.

Toujours durs, ces héritiers.

Nous connaissions la fidélité proverbiale des chiens, bien qu'Alphonse Karr nous ait appris *de sensu* qu'ils n'aiment leur maître que comme on aime le beefteck, pour le manger au besoin ; mais on n'avait jamais remarqué des sentiments aussi louables chez les animaux parmi lesquels saint Antoine avait choisi son compagnon.

N'oublions pas que la scène se passe en Amérique. Serait-ce le progrès ?

UNE NUÉE DE CLOWNS

XIII

Les clowns sont très-nombreux au cirque Fernando. On en compte jusqu'à seize ou dix-sept, grands ou petits. Nous parlerons seulement de quelques-uns d'entre-eux.

William est un artiste anglais de haut mérite ; il apporte dans tous ses exercices une correction parfaite. Faut-il faire des sauts périlleux et des sauts de singe en passant dans des cercles ? C'est avec une précision inimitable qu'il y arrive. Faut-il sauter à la bâtoude ? Il est toujours parmi les plus intrépides.

Sa bonne volonté ne se dément jamais.

William a de plus le bonheur d'être très-bien fait, ce qui ne gâte rien, car il est très-rare de trouver un clown bien proportionné de partout.

Deux autres jeunes anglais font des sauts périlleux à la manière arabe. Ils exécutent aussi des pyramides fort réussies.

Marius, l'homme serpent, est très-remarquable dans ses scènes de dislocation. On voit qu'il a été élevé à la grande école de son maître Poulmar.

J'avoue que je n'aime pas ce genre d'exercice parce que je ne le crois pas utile, mais je me plais à reconnaître que Marius y déploie tant d'art et de talent que j'en suis arrivé à le voir, sinon avec plaisir, du moins sans peine.

C'est le meilleur éloge que je puisse en faire.

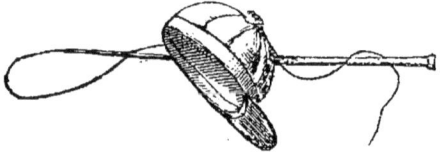

Le principal attrait de cette troupe bondissante, c'est une célébrité bien connue, c'est le clown Secrétain, que les succès de gaité et de fou rire ont partout accompagné au cirque des Champs-Elysées comme au cirque Loisset ou au cirque Rancy, en France comme à l'étranger

On peut se rappeler la façon exhilarante dont il fait le clown-polichinelle,

Secretain est bon peintre de décors et rendra de grands services à M. Fernando pour ses pantomimes.

Sa conversation est intéressante ; il raconte sans cesse des anecdotes folles et pleines d'attrait, et il les raconte avec un sérieux des plus comiques.

Une entr'autres,

Un de ses camarades avait, paraît-il, la manie de mystifier les paysans dans tous les endroits où il passait.

Aux environs de Bordeaux, il se jeta dans des vignobles, et se mit à les parcourir à grandes enjambées, en criant : ça, ça, ça n'est pas vrai.

De temps à autre, il s'interrompait pour arracher aux ceps de vigne quelque grappe de raisin qu'il engloutissait plutôt qu'il ne la mangeait.

Depuis un moment, un groupe de vignerons le regardait faire, se demandant qui ce pouvait être.

L'un deux s'écria :

— J'ai lu dans mon petit journal, que le nommé Phylloxera se plaisait à détruire les grappes de raisin. Si c'était lui ?

Ce ne peut-être que lui, s'écrient les paysans. Ils entourent le mystificateur et leur allure devient menaçante.

Le malheureux continuant son manége, nos hommes s'emparent de lui et le conduisent à la mairie voisine.

Fort heureusement j'étais là, dit Secretain, et je pus venir à son secours auprès de M. le maire. Ce ne fut pas sans peine que je le fis relâcher, car les vignerons ne voulaient pas démordre de leur idée, et réclamaient le prix de 300,000 fr. promis à celui qui pourrait détruire le nommé Phylloxera.

UNE CORBEILLE DE DANSEUSES

XIV

En première ligne nous trouvons Mlle Marthe, qui est en même temps écuyère.

C'est une gracieuse et svelte jeune fille, un peu froide, un peu fière parce qu'un nécromancien en renom lui a prédit quelle serait grande dame.

Elle préfère la danse à la voltige. Là elle n'est pas exposée à recevoir les déclarations plus ou moins agaçantes d'un des clowns fort épris d'elle. Pauvre clown, il a beau pâlir sous sa physionomie enfarinée sa passion est trop vraie pour jamais être appréciée. Pour tant d'amour on est toujours ingrate.

Les femmes éprouvent du plaisir à être cruelles.

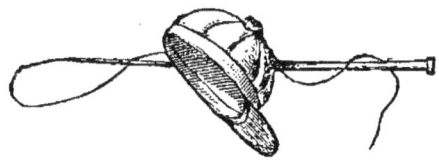

Puis vient une charmante enfant, potelée comme

un amour de fresque italienne ; elle est ouvreuse au cirque et vous vendra ce petit livre.

Son minois est agaçant et son corps semble une débauche de chairs roses.

Dans cette phalange, la petite Eugénie se présente aussi. Elle deviendra une écuyère accomplie grâce aux soins de Louis Fernando.

J'ai rarement vu une plus grande hardiesse jointe à autant d'énergie. Elle arrivera pour sûr à faire des doubles pirouettes et des sauts périlleux à cheval.

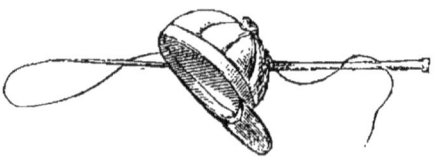

Le reste est un bataillon changeant, mais toujours jeune, plein d'entrain et remplissant bien le maillot.

Il se passe souvent des aventures intéressantes dans cet escadron de gaze diaphane. Celle que je vais vous conter est d'une gaîté si franche, que je ne sais pas résister au plaisir de la redire ici.

Il paraît qu'une souris impudente, ou peut-être amoureuse, s'était glissée dans les jupes d'une des danseuses.

Toutes les sylphides sont ingénues au cirque Fernando. Celle là est toujours accompagnée de sa mère; c'est une naïve enfant.

Elle a supporté avec courage et sans mot dire les chatouillements de la souris jusqu'à sa sortie de scène; mais en sortant, elle s'est écriée :

Maman, j'ai une souris qui monte dans mes jambes; il faut chercher un chat pour l'attraper.

Rassurez-vous. On a trouvé un chat de bonne volonté et la souris a été prise.

Heureux cirque Fernando, qui va déterrer les blondes enfants, jeunes, belles et naïves.

Il vivra!

CINQ CHEVAUX

PRÉSENTÉS ENSEMBLE EN LIBERTÉ

XV

Quatre chevaux arabes paraissent d'abord et se mettent à exécuter la plupart des exercices de manège qu'on demande à un cheval seul. Ils ne s'embrouillent jamais.

Puis on apporte quatre tonneaux qu'on place de front

Pacha, Roméo, Ali et *Jupiter* montent à leur place respective. On les appelle chacun à leur tour et ils viennent saluer en s'inclinant à genoux.

Lorsque tous les quatre sont revenus à leur place, ils sont appelés et se rendent ensemble à la parole de celui qu'ils reconnaissent pour leur maitre.

Les tonneaux sont alors placés aux quatre coins du manège, et les patients montent chacun sur le leur.

A un signal donné, ils changent de place, jouant en réalité au jeu des quatre coins.

Quand chacun d'eux est revenu à son poste, il doit rester immobile comme les chevaux de marbre de Venise la belle

C'est alors qu'on apporte au milieu du manége une cinquième estrade, haute de 1 mètre 30 c. et qu'on fait entrer Mahomet, un petit cheval barbe vif comme un Bengali.

Après avoir fait quelques tours de manége avec la rapidité du vent du désert, Mahomet s'élance d'un seul bond sur son piédestal.

Là il promène un instant ses regards étonnés sur ses quatre compagnons qui semblent changés en statues.

Puis il s'élance à terre et voltige comme un oiseau fantastique autour de chaque support, soutenant ses compagnons immobiles.

On dirait un papillon indécis sur la fleur où il doit se poser, ou bien un sultan embarassé de jeter son mouchoir à la plus belle.

Son choix ne se fait pas, et sa seule ressource, c'est de sauter de nouveau d'un seul bond furieux sur son estrade placée au milieu du manége.

Quelle patience n'a-t-il pas fallu déployer pour arriver à un pareil résultat, et combien de fois ont dû tomber ou se défendre énergiquement ces chevaux aujourd'hui si bien dressés, avant de comprendre ce qu'on leur demandait !

Rien que l'idée et la conception d'un pareil exercice démontrent un grand artiste, un maître de l'art dans la haute école.

Mais lorsqu'on saura qu'il y a quatre mois, ces chevaux n'étaient pas même achetés, on devra s'incliner devant le mérite de M. de Corby qui les a assouplis le premier et de M. Louis Fernando, qui les présente au manége et les a habitués à lui obéir ainsi.

Suivant moi, M. de Corby et M. Louis Fernando n'auraient qu'une chose à faire, ce serait de s'occuper uniquement de dresser des chevaux de manége. Ils trouveraient assez de directeurs heureux de les leur payer cher, car les résultats obtenus par eux à ma connaissance sont merveilleux, presque invraisemblables.

On concevra facilement que la présentation en public de ces chevaux soit reservée pour l'ouverture prochaine du cirque en pierre.

STELLA

JUMENT PRÉSENTÉE EN LIBERTÉ

XVI

C'est une séduisante petite jument alezane qui doit être originaire des montagnes de l'Aveyron ou des Pyrénées. On le voit à la façon dont elle saute. Il n'a pas fallu plus de huit jours, à M. de Corby pour la dresser et la faire présenter en public par Miss Jenny Visser.

On rapproche trois ou quatre barrières de façon à ce qu'il y ait juste entre elles la place du corps de Stella et l'on fait tenir un cercle au-dessus de chacune de ces barrières. La jument les franchit comme pourrait le faire un chamois ou un izard.

Il faut une grande précision, parce qu'il y a juste la place de passer, et ce résultat fait le plus grand honneur au dresseur qui l'a obtenu, car il est d'une difficulté extrême.

Miss Jenny est en costume Louis XV, lui séyant à ravir. L'imagination est séduite en même temps que les yeux, en voyant cette belle jeune femme au profil aristocratique.

Ses mains sont celles d'une enfant; mais à la façon dont elles appliquent les coups de chambrière, on voit combien elles sont vigoureuses. Quant à la petitesse de son pied, on jurerait qu'elle est Andalouse et comtesse, comme l'aurait écrit ce rêveur délirant qu'on nomme Alfred de Musset, et que je relis avec tant de plaisir chaque jour.

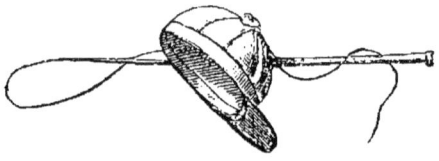

Jenny Visser est un type d'élégance en même temps que de hardiesse, de vigueur et d'énergie.

Depuis cette pauvre Rosine Ethair, morte trop tôt pour ceux qui l'ont connue et appréciée, aucune écuyère de haute école n'a réuni autant de séduction et de talent.

La brune Rosine, belle, svelte, un peu fière parce qu'elle avait conscience de sa valeur de femme et d'artiste, présentait avec un succès extraordinaire au Cirque américain établi à Paris pendant l'exposition de 1867, un cheval de haute école dressé à peu près dans les mêmes conditions que Stella. Depuis, pareille présentation n'a pas eu lieu dans la grande ville.

La blonde miss Jenny devra avoir un succès sinon pareil, du moins approchant.

DIVERS ASPECTS DE LA SALLE

XVII

La composition de la salle est très-variée.

On sait que le quartier Montmartre est la patrie un peu aérienne adoptée par les jeunes peintres et les jeunes poètes.

J'ai trouvé aux diverses places du cirque, trois fragments de poésies qui peuvent donner un aperçu des nuances différentes dans le personnel des habitués.

AUX PREMIÈRES

AMOUR PUR

Ma reine, quand je vois ta lèvre douce et rose
Dont le brillant éclat appelle le baiser,
Comme le papillon sur une fleur se pose,
Que je voudrais pouvoir un instant l'effleurer !

Quand je rêve à ton sein d'une blancheur si pure,
Que je serais heureux d'y reposer mon sein !
Mais il faut refouler ces désirs sans murmure,
Je n'oserai jamais même presser ta main !

C'était trop beau pour être long
En plein Bréda !!...
Aoh ! Shocking !

AUX SECONDES

Amour plus... comment dirai-je?... plus confortable.

LA REINE D'AMOUR

Pour ainsi me ravir elle est bien assez belle !
Qu'importe que son corps ait charmé d'autres yeux ?
Aucun n'a pu trouver tant d'ivresse dans elle...
    Rêver, n'est-ce pas être heureux ?

Le monde me condamne ! Eh, que me fait le monde ?
Le ciel a moins d'attraits pour moi que son amour !
Et son mol abandon de volupté m'inonde
    Si nous aimons tout un grand jour

Qu'importe que tu sois à d'autres, fleur divine ?
La pervenche n'a pas le reflet de tes yeux,
Ton regard me transporte, et c'est comme une mine
    Brillant de mille feux.

Ta voix est énivrante et ton nom seul me touche,
Je préfère au soleil le suave flambeau
De ton œil plein d'amour, quand ton sein est ma
                                            (couche,
    Ta chevelure mon rideau

Ton désordre est si beau, lorsque ton sein se pâme,
Que tu raidis les bras, prête à t'évanouir,
Que des mots insensés s'échappent de ton âme,
    Que tout ton corps semble frémir !

Mes sens frémissent tous, si ta bouche m'effleure,
Tes lèvres sont pour moi comme un rayon de miel,
Et, quand tu ne m'aurais vraiment aimé qu'une heure
    C'est une heure ravie au ciel !

AUX TROISIÈMES

Là se trouvent souvent des philosophes de vingt ans, des âmes souffrantes, des poètes exhalant leur souffle en des strophes chaleureuses comme leurs jeunes cœurs, tristes parfois comme les difficultés de leurs débuts.

J'ai recueilli les suivantes :

LA POÉSIE ET LA PROSE

Quand vous l'avez trouvé pensif sur votre route
Celui que nous pleurons du fond de notre cœur,
Comme tous, j'en suis sûr, vous avez pris sans doute
    En pitié, ce rêveur.

C'est juste. Dans ce monde il faut que l'on travaille
A ramasser de l'or pour devenir puissant.
Notre vie ici-bas n'est qu'un champ de bataille
    A gagner de l'argent.

Naguère l'on passait des heures dans l'ivresse
A l'ombre d'un vieux chêne en un jour de printemps ;
L'on pouvait à rêver, dépenser sa jeunesse....
    Mais c'était le vieux temps !

Il faut qu'en le rayon où son destin l'appelle
L'enfant soit raisonnable et marche sur son cœur,
Qu'il étouffe en son sein toute fière étincelle
    Pour gagner son labeur.

Et si, tout en voulant faire le sacrifice
De ses vœux les plus chers et de ses plus beaux ans,
Il montre des regrets, l'on dit que c'est un vice
    Qui lui vient des romans.

S'il ne sait pas le prix d'une fine baptiste,
S'il ose en quelques vers écrire ce qu'il croit
Et s'il semble distrait, l'on dit : C'est un artiste....
    Puis on le montre au doigt.

Eh ! oui, c'est un artiste et c'est ce grand Protée
Inventé par la fable et toujours incompris
Et c'était un lion quand son âme excitée
    Vous laissait ébahis.

C'est que le feu sacré lui venait comme à l'ange,
C'est qu'il était au ciel, distrait dans un salon,
Tandis que vous rampiez dans la boue et la fange,
    Vous, hommes de raison.

Raison et jugement, grands mots que dans ce monde
Les sots jettent toujours aux élus qu'ici bas
Dieu voulut inspirer dans sa bonté profonde
    D'un souffle qu'ils n'ont pas.

Pour nous qu'est-il besoin de raison dans la vie ?
C'est le goût qu'il nous faut et non le jugement,
C'est l'ivresse à longs flots et le feu du génie,
    C'est le pur sentiment.

Les marchands repus d'or offraient au vieil Homère
L'aumône de leur pain, la chaleur de leur feux.
Mais leur gloire est passée et, mendiant sur terre,
    Le poète est aux cieux,
        Radieux !

Qu'ils sachent amasser richesses sur richesses
Et s'engraissent gaiement en ruinant leurs amis,
Mais pour nous, préférons l'amour et les caresses,
    Les baisers infinis !

Dans les diverses stalles et les différentes places du cirque, on voit çà et là des hommes de lettres comme Alphonse Lafitte, le jeune et brillant rédacteur du *Journal amusant* et du *Tam-Tam*.

Elie Frébault, l'auteur de la *Femme à Barbe*, dont

l'esprit reste toujours jeune et plein de gaieté sympathique.

Augur, que le *Gaulois* a la bonne fortune de s'être attaché comme rédacteur de sport.

Amédée Nicolle, le rédacteur hippique du *Paris-Journal* et le directeur si intelligent et si actif du journal le *Jockey*. Il vient là en compagnie de son ami William Busnach, qui y a pris le meilleur acte de sa dernière Revue, et tous deux s'en donnent à cœur-joie. Il est étrange que plus un écrivain a d'esprit naturel et de finesse, plus il aime et il prend de plaisir à entendre débiter des bourdes par des clowns enfarinés.

Ned Pearson, un des seuls rédacteurs hippiques qui puisse joindre la pratique à la théorie, parce qu'il a l'habitude et la connaissance du cheval, parce qu'il sait monter les chevaux de pur sang avec science et hardiesse, comme un descendant des gentilshommes qui ont créé en France l'art équestre.

De Saint-Albin, le brillant rédacteur du *Sport* et du *Figaro*. Celui-ci n'est pas seulement un sportman émérite, c'est aussi un poète de bon goût. Je pourrais citer de lui quelques fragments de vraie poésie, pleine de coloris, de brillant et d'images heureuses.

Du reste, pourquoi signerait-il Robert Milton au *Figaro*, si le vent des poètes n'avait pas soufflé pour lui ? Ses yeux pétillent trop de malice et d'esprit pour qu'il ait voulu, en prenant ce pseudonyme, rappeler simplement le souvenir du grand Milton par sa cécité.

Robert de Lizy, le plus jeune, mais non pas le moins expérimenté des rédacteurs spéciaux de sport. Ses informations et ses notes *du Derby* sont toujours exactes, fines, portant juste et raisonnées. Il a de plus le mérite très-rare d'avoir un style clair, net et précis.

Charles Ryan, qui tient avec succès le rôle difficile de rédacteur de sport quotidien au journal l'*Evénement*. Ryan, en sa qualité d'Américain, connaît tous les genres de sport et les apprécie tous d'autant plus qu'un mal passager, je l'espère, l'en prive depuis quelque temps.

William, directeur du *Williams' turf*, ce petit journal aimé des parieurs sur les hippodromes, parce que ses nouvelles sont toujours données avec soin et conscience.

A. Dennetier, le grand *clark of the course*, la Providence des hippodromes de province, qui s'adressent à lui. Il a comme une baguette de fée à ses ordres pour trouver toujours et quand même des chevaux courants, n'en fut-il plus au monde, et ses organisations sur les champs de courses sont parfaites en tous points.

Et dans un petit coin le caustique Paul Mahalin. Celui-là n'est pas seulement un homme d'esprit, il a prouvé qu'il était en même temps un homme de cœur en s'engageant dès le début du siége de Paris dans les francs-tireurs des Ternes, ces vaillants tirailleurs à la branche de houx qu'on a vus sans cesse au premier rang des postes les plus périlleux.

Madame Mahalin suivit son exemple et c'est elle qui allait faire ramasser les blessés du bataillon même au milieu des balles pour les sauver ensuite à force de soins multipliés.

Mahalin trouve là parfois un de ses camarades du bataillon des Ternes et il a bien vite quitté tout le monde pour causer avec son ami Auguste Maufange, qui pendant tout le siége de Paris n'a pas pris une heure de repos.

Et pourtant Maufange avait une femme et une petite fille qu'il adorait.

Mais c'était un vaillant cœur, c'est le devoir fait homme. Et il n'a eu d'autre consolation ni d'autre récompense que celle d'avoir rempli son devoir jusqu'au bout.

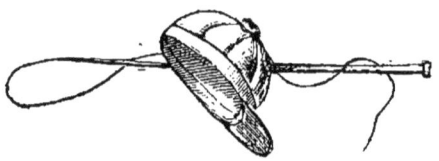

Les récompenses!...

Dans les temps troublés qui vont-elles trouver ?

Ceux qui se tiennent prudemment à l'abri de tout danger, qui ne s'exposent jamais et qui se contentent de pérorer dans les clubs, dans les cafés ou dans les carrefours.

Parmi les artistes équestres, j'ai remarqué Montero père, Auriol, toujours fort assidu, parce qu'il apprécie beaucoup M. Fernando, M. et Mme Bradbury, ce charmant couple, un des principaux attraits du Cirque des Champs-Elysées.

Bradbury n'est pas seulement un écuyer accompli, c'est un type de gentleman. Il en a la tournure élégante, les manières sobres et raffinées, le profil sympathique, la politesse exquise et du meilleur ton.

Quant à Mme Bradbury, je puis la peindre d'un mot.

Je demandais à l'un de mes amis, au sortir de ce pas de deux à cheval où elle semble une apparition nuageuse entre les bras robustes de son mari, ce qu'il pensait d'elle.

Voici sa réponse :

— Je ne sais pas si elle est belle, mais c'est le rêve de la séduction réalisé.

Adèle Drouin, la charmante écuyère aux yeux pleins de promesses voluptueuses, y viendrait bien, mais il paraît qu'elle en est empêchée par la sollicitude de ses directeurs. Ils craignent de se la voir enlever par M. Fernando, et cette crainte est assez naturelle. Adèle monte sans bride d'une façon digne d'être appréciée.

Les marchands de chevaux aiment à venir au Cirque de la rue des Martyrs.

M. Antoine Chaniot, le lauréat de la seconde prime d'honneur au dernier concours hippique, s'y rend toutes les fois que ses occupations le lui permettent.

J'ai remarqué aussi M. Louis Jutard, un des plus hardis cavaliers que je connaisse. Il est le plus souvent accompagné de Madame Jutard, l'écuyère fort appréciée tous les ans au concours des Champs-Elysées, où elle monte les chevaux les plus impétueux.

Pendant la durée du concours, les exposants venaient souvent passer leur soirée au cercle forain. On y voyait MM. Lebeaudy, Lemonnier, les deux frères Forcinal-Céneri, etc.

Le lot de magnifiques chevaux présenté par ces derniers, n'a été l'objet d'aucune distinction. J'ai le plus grand respect pour les décisions des juges, parce que je crois qu'ils agissent toujours suivant leur conscience, mais je ne puis m'empêcher de remarquer, qu'en cette occasion, si les palmes avaient été distribuées par les marchands de chevaux, toujours bons appréciateurs dans l'espèce, les élèves de MM. Forcinal n'auraient pas été oubliés.

MM. Lebeaudy et Lemonnier n'ont pas été plus heureux. Ils avaient un magnifique trotteur, mais une malheureuse prise de longe est venue annihiler ses chances, et il n'a obtenu qu'un de ces rubans distribués *par flots*; c'est ainsi que s'exprime le programme rédigé probablement par un romantique.

Cet accident était d'autant plus regrettable qu'avec ce cheval seul, je me chargerais de lasser une douzaine de grands carrossiers ses concurrents primés, en laissant à ces meubles d'écurie plus ou moins beaux la faculté de se relayer tour à tour. Il a du sang, des nerfs et des muscles au lieu d'avoir, comme les autres, trop de lymphe à porter.

On y trouve aussi plusieurs membres du haut commerce de la boucherie parisienne. De tous temps, les bouchers ont aimé les chevaux et en ont eu de bons.

Quand M. Danlos, administrateur des établissements Duval, qu'il fait prospérer de façon à donner aux actionnaires des dividendes dorés comme les flots du Pactole, n'est pas trop fatigué par son travail de la journée, il vient là se distraire un instant.

On le voit causer avec MM. Chatenay et Gouffé, deux inséparables. Ces millionnaires aiment tous les pantomimes à maillots roses.

M. Chatenay prend plaisir à se faire raconter des histoires de coulisses par son ami Mauguin, l'écuyer du Grand-Opéra, celui qui est admis à l'honneur de tenir le cheval des reines d'une soirée dans toutes les pièces du répertoire.

Lorsque Mauguin a fini, Chatenay lui répond avec son sourire méphistophélique :

— Oui, mais tu n'as toujours que des succès de cheval.

Et puis sont-ce les rênes du cheval que tu tiens, ou bien est-ce le cheval des reines ?

L'écuyer prétend alors qu'il n'y a pas moyen de causer sérieusement.

Quant à M. Gouffé, on n'a qu'à lui parler d'une histoire de bal de l'opéra et d'un costume de Pierrot pour faire rembrunir sa physionomie toujours souriante.

Gouffé avait voulu voir le bal de l'opéra et ses amis lui avaient persuadé de se mettre en Pierrot. Il avait bien pris le costume, mais il avait négligé de s'enfariner la figure.

L'effet était drôle et les quolibets pleuvaient. Le malheureux fut obligé de se retirer dans un coin de la salle et le supplice était d'autant plus dur qu'il est fort à assommer un taureau d'un coup de poing et que, pour ronger son frein en silence sans briser aucune côte ni aucune mâchoire, il lui fallait une grande patience et une grande force de volonté.

Cette expérience lui a suffi et il n'est pas prêt à recommencer. Quand on lui parle de bal costumé, pour toute réponse il se sauve.

Quelques jeunes commissionnaires en bœufs viennent là aussi.

J'y ai trouvé M. René Roche, qui s'engagea pendant le siége de Paris dans l'escadron Franchetti et son ami M. Marcelin Périer, jeune homme robuste, leste, vigoureux et appréciant tous les exercices pouvant donner ces diverses qualités.

Ce sont deux enfants du Périgord. A ce titre, il n'est pas étonnant qu'ils aient du goût pour tout ce qui peut rendre l'homme fort et courageux. La vieille devise Périgourdine n'y oblige-t-elle pas tous ses enfants ?

Cette devise, la voici :

Petra inimicitiis, cor amicis, hostibus ensis :
Hœc tria si fueris, Petracorensis eris:

Sois inexorable pour tes ennemis, tout cœur pour tes amis et comme une épée vivante pour l'ennemi de la patrie. Si tu remplis ces trois conditions, tu seras Périgourdin.

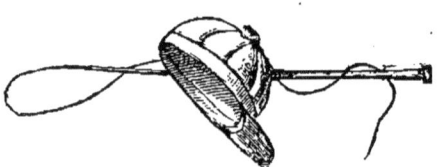

Quelques célébrités de second étage dans le demi-monde viennent là s'amuser de tout cœur.

Parmi elles on remarque une grosse et belle fille qu'on nomme Adèle.

Sa physionomie est étrange. Elle a dans le regard quelque chose d'égaré ou de sauvage comme Christine Nilson la grande artiste, et de plus une vague ressemblance avec Hortense Schneider.

De temps en temps, elle fredonne :

— Ah ! que j'aime les écuyers !

Et ses voisines approuvent de la tête.

Les dames du monde se rendent aussi au Cirque Fernando, mais elles attendent pour y venir assidûment que les places soient plus confortables. Elles seront servies à souhait dans le nouveau Cirque, car on leur a réservé des loges où elles seront chez elles.

Il y aura aussi un foyer avec trois fenêtres donnant sur la salle et permettant de voir la représentation tout en causant, fumant et se promenant.

Cette innovation ne peut manquer d'avoir un plein succès.

CONCLUSION

Il ne faut pas oublier que par ses malheurs récents et par la haine insatiable de ses vainqueurs, notre belle France est sans cesse menacée de la guerre. Ce n'est ni l'heure, ni le lieu de parler de revanche, mais, quoique vaincu, on a le droit et le devoir de faire respecter sa faiblesse.

Et pour cela, le meilleur moyen, c'est d'élever les enfants d'une façon virile, au lieu de les amollir, comme on l'a fait depuis longtemps ; c'est de songer à en faire des hommes et non des *gommeux* étiolés.

Pour arriver à ce résultat, il faut de bonne heure les habituer aux exercices développant la force et l'agilité.

Plus il y aura de cirques en France, plus ces goûts passeront dans nos mœurs. En y conduisant les enfants, on leur donnera l'idée et le désir d'imiter ce qu'ils auront vu faire.

Voilà pourquoi je vois avec plaisir l'établissement d'un nouveau cirque à Paris.

Tous les exercices de sport, si l'on veut bien les étudier, perdent leur aspect futile et répondent à des nécessités de premier ordre. Le peuple français, par ses habitudes et son tempéramment chevaleresques, par sa vieille humeur belliqueuse trahissant son origine gauloise, par l'essor et les besoins de son industrie, par la richesse de son sol et sa générosité, devrait être à la tête de ce mouvement.

Rappelons-nous que notre école d'équitation a été la première du monde, que nulle part on n'a donné des carrousels approchant du brillant et du fini des nôtres. Les gentilshommes français tenaient à honneur de prouver qu'ils étaient les meilleurs cavaliers de tous les pays.

Les chroniques du temps nous rapportent l'exemple du duc de Nemours, faisant descendre et remonter au galop les degrés de la Sainte-Chapelle à un cheval dressé par lui et qu'il appelait *Réal*.

Henri II, le roi fondateur de l'art de l'équitation en France, tenait à voir briller ses écoles au premier rang. A la journée de Renti, il poussa sans cesse son cheval à travers les postes les plus périlleux et les mêlées les plus sanglantes, espérant rencontrer l'empereur Charles V, qu'il avait défié. Mais celui-ci évita sa rencontre avec soin, déclinant l'honneur et le danger du duel à cheval, que lui offrait le vaillant roi de France.

Louis XIII, chasseur à courre qu'aucun obstacle n'arrêtait, favorisa l'équitation.

Les fils des plus nobles familles anglaises venaient alors en France faire leur éducation hippique, et c'est dans nos écoles que le brillant et sympathique duc de Buckingham vint apprendre l'art équestre.

Louis XIV était un magnifique écuyer. Il fallait bien que son exemple fut suivi.

A sa cour tous montaient admirablement à cheval, depuis le cadet de famille jusqu'aux ducs, aux princes et aux hommes les plus graves, depuis la demoiselle d'honneur jusqu'à la grande dame arrivée au faîte de la fortune.

Les hardies écuyères, qu'on trouve aujourd'hui dans les trois royaumes britanniques, ne sont que les imitatrices des incomparables amazones du grand siècle.

Le duc de Lauzun, à quatre-vingt-deux ans dressait encore des chevaux et celui qui fut plus tard le grand Turenne s'était déjà montré écuyer consommé à l'âge de quinze ans.

Sous Louis XV l'équitation, comme tout le reste devint maniérée. On inventa des difficultés puériles, presque niaises. Ce n'était plus de l'art équestre, ce n'était surtout plus de l'art utile.

Pourquoi de nos jours l'équitation est-elle presque abandonnée et pourquoi les éleveurs de chevaux ont-ils presque renoncé à faire des chevaux de selle ?

Serait-ce que ce goût est l'apanage et le monopole des habitudes aristocratiques ?

Je ne crois pas qu'il doive en être ainsi. L'art équestre est en grand honneur aux Etats Unis, et, suivant moi, les idées démocratiques ne doivent pas exclure les goûts nobles et utiles.

Dans ce pays d'outre-mer, chez ce peuple d'hommes industriels, positifs, utilitaires, commerçants avant tout, le culte de tous les genres de sport est en honneur et entre en première ligne dans l'éducation des jeunes gentlemen.

Pourquoi n'en est-il pas de même en France ?

C'est que depuis quelques temps les classes bourgoises ont pris la prépondérance et qu'elles sont hostiles à tous les genres de sport. Ces classes sont des parasites incapables de comprendre tout ce qui n'a pas un but fructueux.

L'aristocratie d'argent ne peut pas être susceptible de patriotisme ni de dévouement, parce que son premier mobile et son essence manquent de noble fierté et de grandeur. Chez elle tout repose sur la richesse et le lucre. L'on y pèse la valeur d'un homme sur sa fortune et sa réussite en affaires; ses autres qualités ne sont que des accessoires.

Aussi lorsque le sol de la patrie est menacé, qui trouve-t-on au premier rang pour le défendre? L'aristocratie de naissance et de tradition, l'homme des champs et l'ouvrier, le noble et le paysan ou le fils de paysan.

Savez-vous pourquoi?

C'est que ceux-là sont habitués à la fatigue, au danger et qu'ils aiment la lutte, c'est qu'ils savent manier le fer, les uns pour féconder la terre ou pour donner l'essor à l'industrie, les autres pour garantir le sol natal de la souillure étrangère et mourir pour cette grande idée de la patrie qu'aucun sophisme ne saurait ni effacer ni remplacer!

ENSE ET ARATRO.

C'est la devise adoptée par l'illustre maréchal Bugeaud, qui savait si bien mener nos soldats à la victoire et nos paysans au progrès agricole; c'est celle qu'il a mise dans ses armes lorsqu'à la suite de sa brillante victoire sur Abd-el-Kader, le roi

Louis-Philippe reconnaissant, créa pour lui le duché d'Isly.

Le jour où cette devise, en même temps fière, utile et rationnelle, sera celle de la France, nous pourrons relever la tête. En tous cas, nous serons respectés de tous, parce qu'on s'incline toujours devant la force même au repos.

Donnez donc un exemple salutaire, Messieurs de la bourgeoisie. Ne condamnez pas sans relâche vos enfants à ce boulet débilitant qu'on nomme *les affaires*. Accordez-leur quelques distractions sportives, ne serait-ce qu'au point de vue de l'hygiène.

Estimez un peu l'adresse, l'agilité, la souplesse du corps, l'habitude de lutter avec le danger, le courage. Tout cela peut se retrouver, et leur sera utile dans les carrières les plus sérieuses comme dans les phases les plus difficiles de la vie. Soyez-en sûrs, vous formerez ainsi des hommes plus complets et vous-vous en trouverez bien. — Ne vaut-il pas mieux qu'ils viennent occuper là leur fougue juvénile au lieu d'aller la dépenser dans des boudoirs douteux ou des tabagies énervantes? C'est là qu'ils altèrent ou ruinent leur santé, c'est là qu'ils laissent leur fortune toujours, leur honneur, leur intelligence et leur cœur trop souvent

Et puis à cette époque de pleine démocratie, où tout le monde peut avoir la prétention d'arriver aux plus hautes fonctions, croyez-vous qu'il n'est pas utile, indispensable de bien monter à cheval ?

Figurez-vous un Président de la République incapable de passer une revue, ou de se présenter en public autrement qu'en voiture. Il sera tout simplement impossible et soyez assurés que les ouvriers surtout, ne lui pardonneraient pas cette imperfection.

Voulez-vous un exemple de la façon dont le soldat apprécie les bons cavaliers. En voici un entre mille.

Le maréchal de Turenne avait une grande préférence pour une jument appelée la *Pie*, née en Limousin, dans ces pâturages de la Ligoure, qui ont toujours eu le privilège de produire d'excellents chevaux. Elle portait son maître le jour de sa mort, comme elle l'avait déjà porté dans vingt batailles.

L'histoire nous a conservé à ce sujet un cri vraiment parti du cœur des soldats; c'est le plus bel éloge qu'un général en chef puisse rêver.

En présence de l'incertitude qui régnait dans le commandement après la mort du maréchal, ils s'écrièrent : — Qu'on mette *La Pie* à notre tête; elle a l'habitude de nous mener à la victoire!

Dans la voie que nous indiquons, vous pouvez nous être d'un puissant secours, vous, mesdames, toujours souveraines par la beauté et la séduction.

Ne donnez plus vos sourires aux jeunes étiolés, malades ambulants qui se promènent en robe de chambre dans la rue, peut-être parce qu'ils ont la pudeur de sentir leur faiblesse. Faites leur comprendre que vous prisez fort peu leur morbidesse maladive, leur teint de cadavre, leur regard sans force et sans fierté.

Ils voudront alors conquérir la santé et la vigueur, ils redeviendront de beaux jeunes gens, et ce précepte antique sera remis en honneur :

Mens sana in corpore sano,

L'enveloppe d'un corps robuste est indispensable pour le fonctionnement régulier de l'intelligence.

POST-SCRIPTUM

M. Fernando vient d'engager pour l'ouverture de sa salle une pléïade d'artistes à grand succès.

C'est d'abord un écuyer Milanais nommé Erber, qui fait des pirouettes simples et doubles à cheval sans interruption, sans effort et sans fatigue. Sa façon de se présenter au public est très-hardie et très-sympathique. Il conduit lui-même son cheval avec sa cravache et sans le secours de la chambrière du chef de manége. C'est d'un grand effet, mais c'est fort dangereux.

Puis le fils Cotrelli, un sujet sans pareil. Son travail est réglé de main de maître. Il fait des sauts périlleux en avant et en arrière, des pirouettes multiples et saute les toiles ou les cerceaux en tenant un de ses pieds à la main.

Les deux sœurs Eclher : l'une travaille sans selle à cheval, aussi bien que Léopoldine Gaertner ; l'autre fait le travail au trot, que faisait le petit Lehman au Cirque des Champs-Elysées, et que fait le plus jeune des fils Aguimoff.

Paston, un clown anglais aussi remarquable que les clowns Conrad, bien qu'il ne s'intitule pas le plus fort de l'Angleterre, est engagé avec sa femme qui fait les travestissements à cheval, aussi bien que les faisait Madame Thompson.

En résumé, la troupe Fernando est aujourd'hui une des meilleures qu'il y ait en Europe, et ses débuts seront certainement un grand succès.

TABLE DES MATIÈRES

Chapitres.	Pages.
Dédicace	1
I. Hardiesse et Réussite	5
II. Utilité et Importance des Cirques	7
III. Dégénérescence de la Race humaine	11
IV. Les Cirques à Rome	19
V. Les Tournois au moyen-âge	21
VI. Comparaison des Établissements de gymnase à l'Etranger et en France	23
VII. Les Sportmen pendant la guerre de 1870	31
VIII. Formation de la Troupe Fernando	37
IX. Succès et Revers	39
X. Manière de monter un Cirque forain	43
XI. La Piste du Manége	47
XII. Installation des Loges des Artistes	49
XIII. Appui de la Presse parisienne	51
XIV. Feuilleton théâtral du *Gaulois*	57
XV. Appui du *Jockey* et du *Williams'turf*	65

Chapitres.	Pages.
XVI. Le Reportage parisien	73
XVII. Projet de bâtir un Cirque en pierre	81
XVIII. La bonne Fée du Cirque Fernando	85

BIOGRAPHIE DES ARTISTES

I. M. Fernando, directeur	99
II. Mme Fernando	111
III. Louis Fernando	113
IV. Miss Jenny Visser, écuyère américaine	119
V. Le vicomte de Corby	125
VI. Médrano, premier clown	129
VII. Vallier, premier mime	131
VIII. Gillardoni	137
IX. Clotilde Bertoletti	141
X. La Famille Aguimoff	145
XI. Philippe Bertoletti	151
XII. La Famille Chiarini	155
XIII. Une nuée de clowns	168
XIV. Une Corbeille de Danseuses	165
XV. Cinq chevaux présentés ensemble en liberté	170
XVI. Stella	173
XVII. Divers aspects de la Salle	177
Conclusion	193
Post-Scriptum	201

Paris. — Imp. Paul LIBÉRAL et Cⁱ, 20, rue Saint-Joseph.

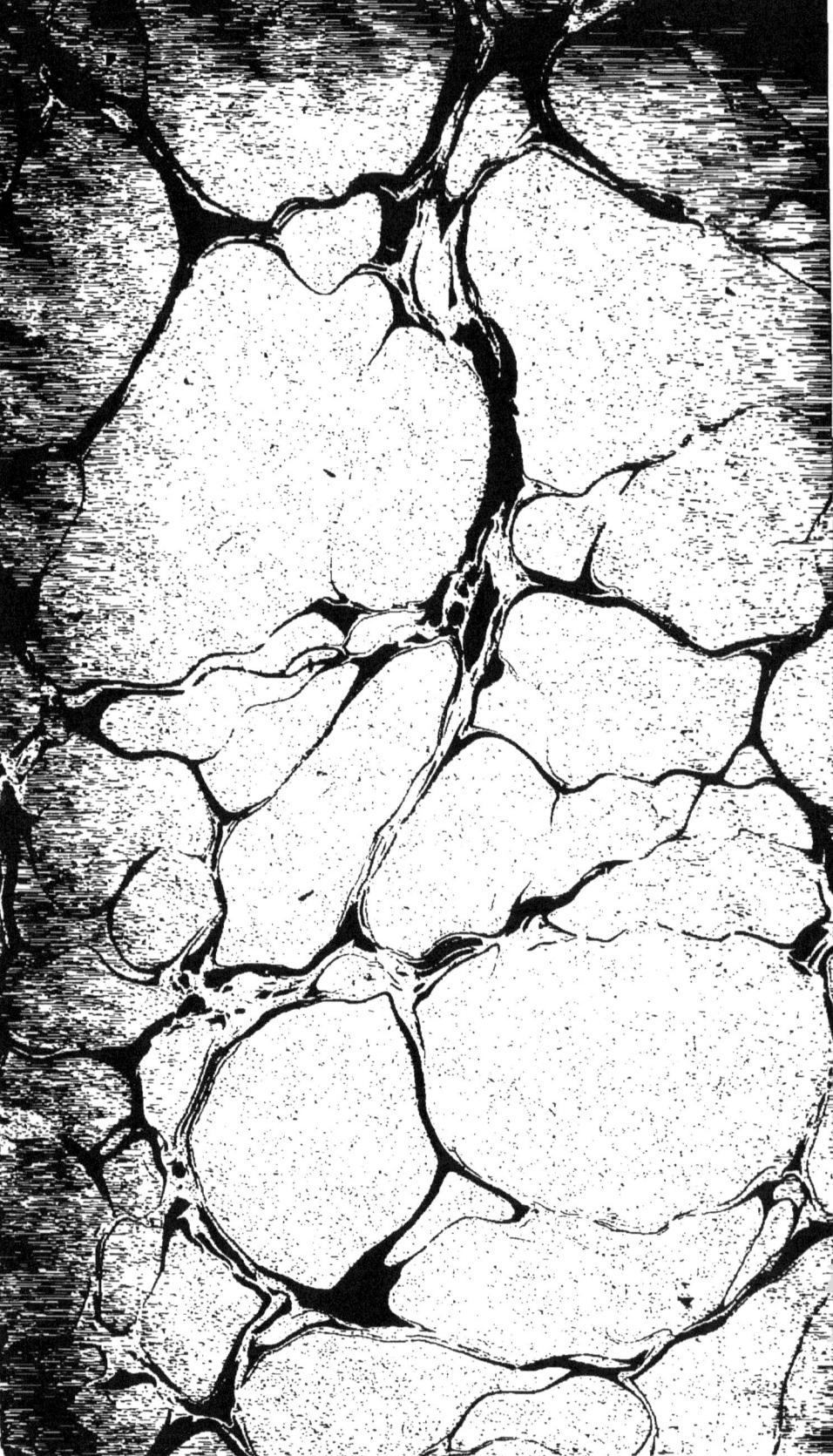

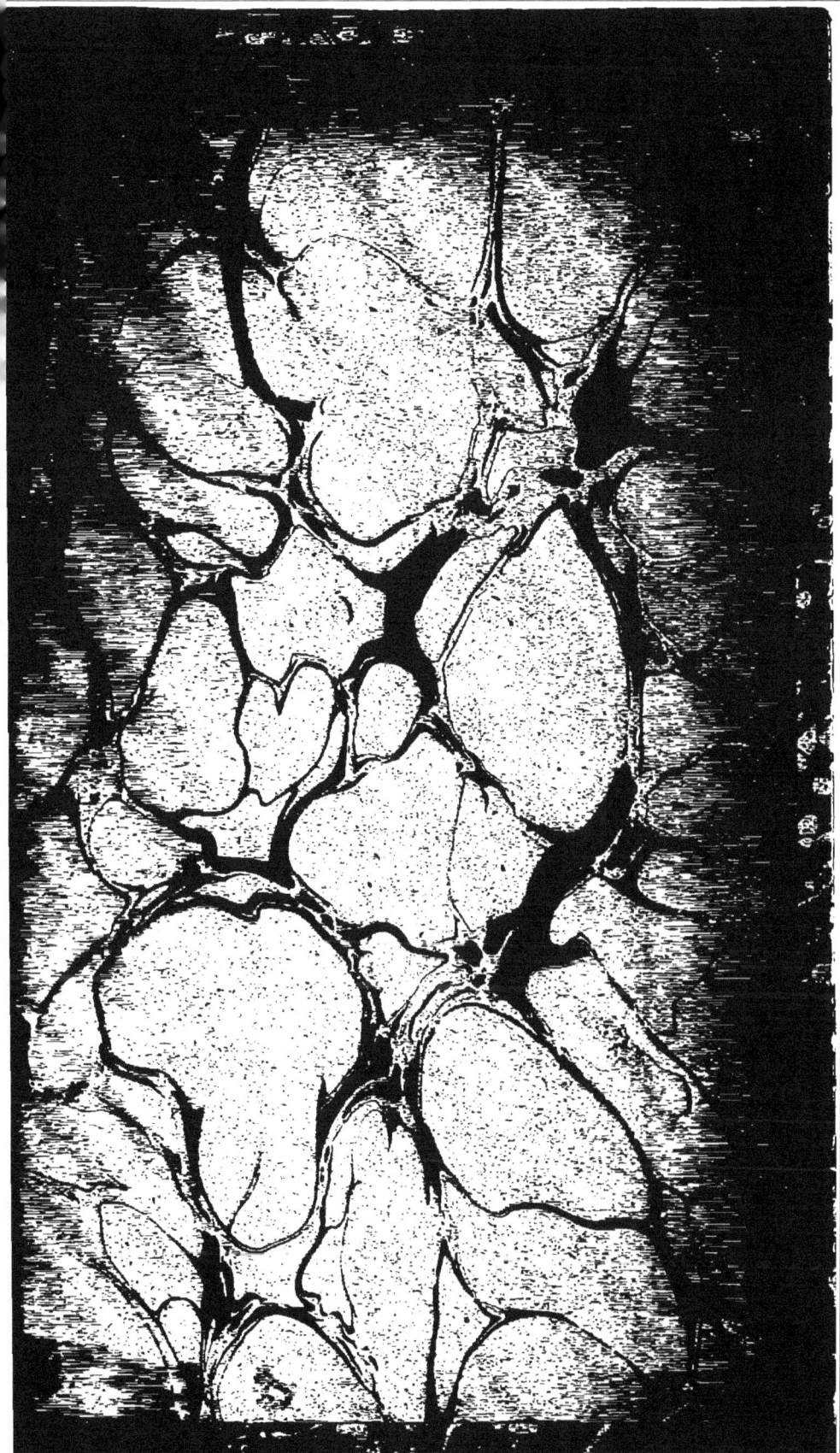

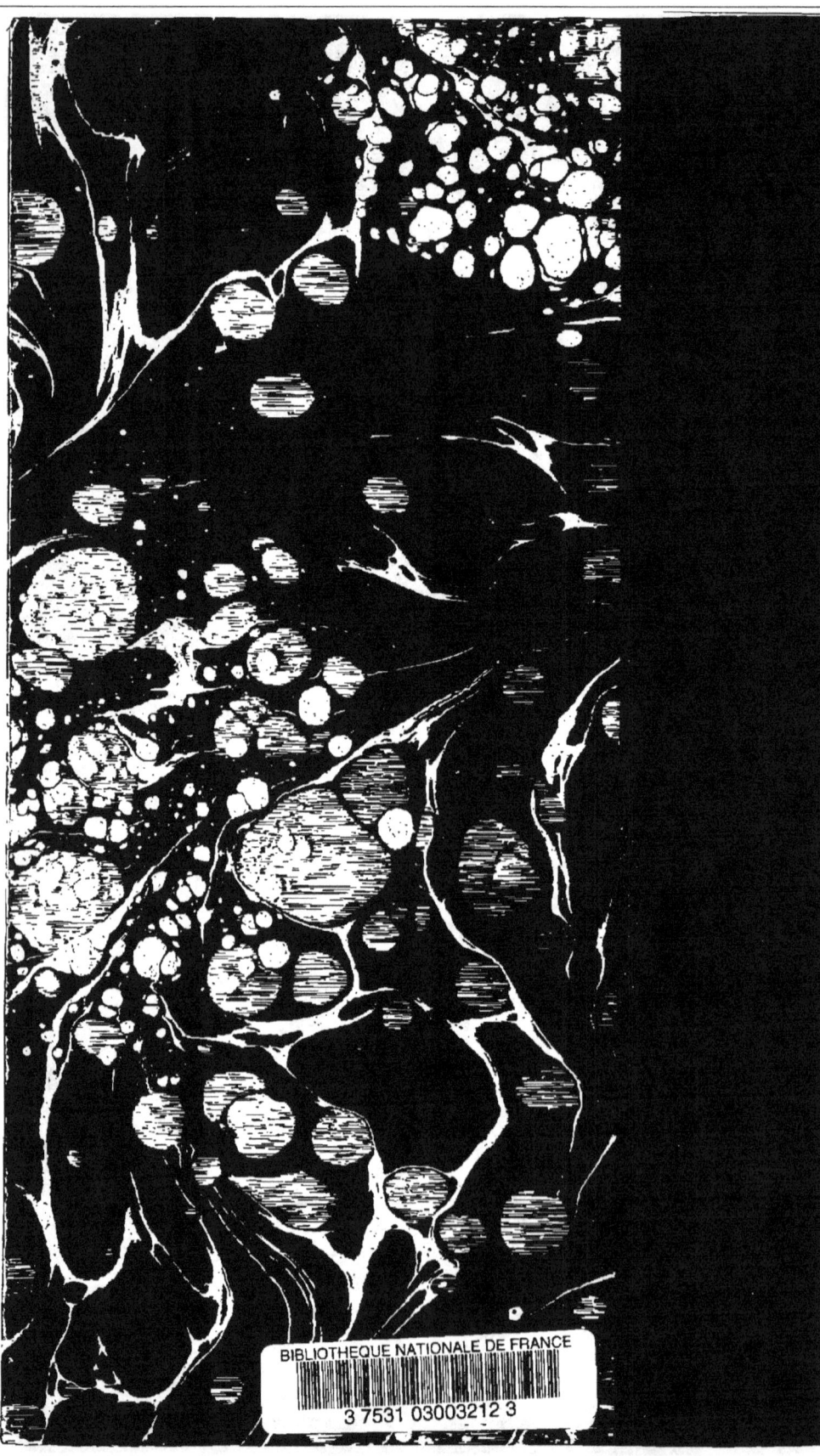

www.ingramcontent.com/pod-product-compliance
Lightning Source LLC
Chambersburg PA
CBHW051913160426
43198CB00012B/1872